Geschichte der Philosophie

Philosophie für Anfänger und Einsteiger - Philosophie Einführung & Grundlagen

Patricia Sommer

Inhalt

Einführendes	1
Die Grundregeln der Philosophie	**5**
Philosophie in ihren Grundzügen – Was ist das?	5
Philosophie und Psychologie – zwei Seiten derselben Münze	
	10
Die theoretischen Aspekte der Philosophie	19
Die 12 Disziplinen der gegenwärtigen Philosophie	23
Dokumentiertes Nachdenken – ein Zeitstrahl der Philosophie	**35**
Philosophie der Antike	37
Die Philosophie im Mittelalter	42
Patristik	45
Scholastik	48
Die Philosophie der Renaissance	55
Die Philosophie der Neuzeit	58
Das 17. Jahrhundert	60
Das 18. Jahrhundert	65
Das 19. Jahrhundert	70
Das 20. Jahrhundert	77
Die Philosophie der Gegenwart	87
Die Philosophie in Deutschland	*91*
Die Philosophie in Frankreich und Italien	*93*
Die Philosophie in Amerika	*96*
Die Praktische Philosophie	**100**
Die Einsatzgebiete der Praktischen Philosophie	103
Die praktische Philosophie im Alltag	109
Schlusswort	**117**
Quellen	**120**

Einführendes

Im Detail soll dieses Buch den Werdegang der Philosophie beschreiben. Dabei stellt das Hauptkapitel einen Zeitstrahl dar, in welchem die letzten 2.000 Jahre ausführlich in mehreren Epochen erklärt werden.

Gleichzeitig soll dieses Buch auch erklären, was die Philosophie in ihren Grundzügen darstellt. So handelt es sich bei der Philosophie eigentlich um die „Vernunfterkenntnis" des Menschen, doch diese Antwort ist zu leicht, um die Philosophie in allen Aspekten zu beschreiben. Aufgrund der Philosophie als Vernunfterkenntnis kommen dem Menschen weitere Fragen auf, die separat geklärt werden müssen, auch wenn sie nicht direkt den Alltag betreffen. So muss nun gefragt werden, als was genau die Vernunft und die Erkenntnis beschrieben werden können und welchen Regeln die Vernunft unterliegt.

Die Erkenntnistheorie stellt die Grundlage einer jeden Wissenschaft dar, denn Wissenschaften streben nach dem Erreichen von Wissen. Bei der Philosophie handelt es sich ebenfalls um eine Wissenschaft, die nach Erkenntnis strebt, doch verwendet sie keine explizit wissenschaftlichen Methoden. So versucht die Physik, die Regeln der Natur zu bestimmen, die Chemie befürwortet Experimente auf atomarer Basis und die Medizin eignet sich Wissen über jegliche Krankheiten an. Bei diesen Wissenschaften handelt es sich um Gebiete, die aktiv betrachtet und hin und wieder auch angefasst werden können: Es kann sich auf reelle Sachverhalte bezogen werden.

Die Philosophie dagegen befindet sich auf einer Ebene der menschlichen Existenz. Bis zu einem gewissen Grad kann diese betrachtet und in Worte gefasst werden, doch Philosophen beschäftigen sich mit Aspekten, die nicht im Alltag vorkommen und beinahe träumerisch wirken. Von vielen Menschen wird die Philosophie daher nicht als Wissenschaft anerkannt, auch wenn es selten zu philosophischen Unterrichtsfächern in Schulen kommt.

Vor 2.000 Jahren besaß die Philosophie eine große Wichtigkeit in den Leben der Menschen. Die Philosophie der griechischen Antike hat nicht nur Wunder vollbracht, sondern sie stellte auch ein wichtiges Grundprinzip der damals noch sehr jungen und neuen Demokratie dar. Heute ist die Philosophie nur noch ein Nebenprodukt.

Die wenigsten Menschen sind sich darüber bewusst, dass die Philosophie den Urvater aller Wissenschaften darstellt, so, wie sie der Mensch heute kennt. Die Konzepte der Chemie, der Physik und auch der Medizin stellten junge Gedanken dar, die erst in den letzten Jahrhunderten entstanden sind. Dasselbe gilt für die Psychologie, welche vor nicht einmal 100 Jahren in den Leben der Menschen ihre Wichtigkeit fand und heute nicht mehr wegzudenken ist. Jegliche Wissenschaften basieren daher auf einer immensen Wichtigkeit, die antiken Griechen dagegen lebten ohne Wissenschaften. Ihnen genügte die Philosophie.

Sie ist der Grund, warum die heutigen Wissenschaften einen großen Erfolg verzeichnen konnten. Die Erklärungsvorgänge, auf denen alle Wissenschaften basieren, klingen recht einfach, konnten dennoch nur durch die Erkenntnisse der Philosophie erreicht werden. Mithilfe der Vernunfterkenntnis, welche sich mit dem Ursprung jeglicher Erkenntnisse beschäftigt, konnte es auch ohne jahrelange Erfahrung zu Erfolgen kommen. Über die Jahre hinweg hat sich dies geändert. Innerhalb empirischer Wissenschaften, wie den genannten Beispielen in den oberen Zeilen, ist die Erfahrung unermesslich. Die Philosophie überzeugte daher nicht nur damit, dass die Menschen nicht studiert sein mussten, sondern sie konnten als Neueinsteiger ihren Weg in der Philosophie finden. Dazu kam, dass nur wenige Philosophen kritisch ihre Schülerauswahl betrachteten. Während beinahe jeder Mann die Wege der Philosophie erlernen durfte, wurden auch Frauen und Sklaven vor 2.000 Jahren zugelassen. Es wurde nicht zwischen reich oder arm unterschieden und auch nicht zwischen dem gesellschaftlichen Stand einer Person. Gleichzeitig brauchte es keine experimentelle Arbeit und keine Versuchsanordnungen, mit welchen es dann zu standardisierten Rahmenbedingungen kommen konnte, die die Gedankenkraft eines Philosophen einschränkten.

Erfahrung in einem Gebiet konnte weiterhin einen großen Vorteil verschaffen, doch es war kein Muss. Sie lag der Erkenntnistheorie nicht zugrunde. Die Philosophie beschrieb stattdessen die Vernunft als höchstes Gut, aus welchem der Ursprung von Wissen und daher auch von jeglicher Kenntnis genommen werden konnte. Im Laufe der Zeit führte das dazu, dass sich die Philosophie nicht nur in viele Untergebiete zerteilte, sondern auch, dass erkannt wurde, dass die Vernunft nicht überall weiterhelfen konnte. Hin und wieder braucht es wissenschaftliche Experimente und Vorgehensweisen, welche über die Vernunft der Menschen hinausgingen. Schnell wurde klar, dass nicht jeder Bereich des Lebens für das gemeine Volk oder gar für Philosophen geschaffen worden war, sondern manche Bereiche waren für Akademiker vorbehalten, die sich auf einer wissenschaftlichen Basis mit besagtem Gebiet auseinandersetzen konnten. Dadurch entstanden die heutigen Wissenschaften, doch auch diese Erkenntnis konnte nur durch die Philosophie allein herausgefunden werden.

Auch wenn die Wissenschaften im heutigen Alltag überwiegen, spielt die Philosophie dennoch eine nicht gerade kleine Rolle und das, obwohl sie einen nicht leichten Werdegang in den letzten 2.000 Jahren hinter sich hat. Mittlerweile hilft sie genauso sehr im Alltag, wie sie in akademischen Gebieten helfen kann, in welchen die Wissenschaft nicht weiterweiß. Im Gegensatz zur Antike sind die Einsatzgebiete damit vielfältig.

Die Philosophie beschreibt ein komplexes Gebiet, welches in diesem Buch genauer erläutert werden soll. Bevor der Werdegang im Hauptkapitel beschrieben wird, ist es zunächst wichtig, die Grundprinzipien der Philosophie zu verstehen, genauso wie die Einteilung in die unterschiedlichen Disziplinen.

Die Grundregeln der Philosophie

PHILOSOPHIE IN IHREN GRUNDZÜGEN – WAS IST DAS?

Die Philosophie (altgr. *philosophia.* lat. *philosophia*) oder auch direkt übersetzt „die Liebe zur Weisheit", kommt immer dann zum Einsatz, wenn es darum geht, die Existenz der Menschen und der Welt in ihren Grundprinzipien zu deuten, zu verstehen und für die Zukunft zu ergründen.

Als empirische Disziplin zählt die Philosophie zu der Wissenschaft, doch zu anderen Wissenschaftsdisziplinen zeigen sich große Unterschiede. So spezialisiert sich die Philosophie nicht auf ein gewisses Themengebiet innerhalb einer Methodologie, sondern es kann vielfältig durch Herangehensweisen und Fragestellungen gearbeitet werden, die eine weitgefächerte Sicht auf die Welt bieten. Es kommt zu unterschiedlichen und weitläufigen Gegenstandsbereichen, zu Gegenstandssubjekten und zudem zu individuellen Erkenntnissen, die sich nicht zurückhalten müssen. Damit ist die Philosophie nicht nur charakteristisch vielfältig, sondern auch inhaltlich. Dennoch war sie nicht immer so vielfältig und unterschiedlich, wie sie heute ist. Dieser Aspekt musste sich erst über viele Jahrhunderte hinweg entwickeln. So stammen die ersten, dokumentierten Ansätze philosophischen Wissens aus der Antike und sind damit über 2.000 Jahre alt. Die Philosophie selbst wurde damals noch durch systematisches Denken begründet und wissenschaftlich erklärt, auch wenn hier gesagt werden muss, dass der Begriff „wissenschaftlich" nicht dieselbe Bedeutung hatte, wie dies heute der Fall ist. Zudem wurde die Philosophie in allen Lebenslagen angewandt. Sie war aus den Leben der antiken Griechen nicht mehr wegzudenken.

Die Philosophie selbst stellt eine empirische Wissenschaft dar, doch selbstverständlich war sie dies nicht. Tatsächlich ist dies eine recht neue Erkenntnis, welche im Laufe der Geschichte und erst im letzten Jahrhundert zu einer Selbstverständlichkeit wurde. Die ersten Menschen, die die Philosophie aktiv anwandten – philosophische Gedanken hatten schon die ersten Menschen, doch gemeint sind hier die ersten dokumentierten Gedanken –, sahen die Philosophie selbst als ein Erkenntnisstreben. Dieses unterschied sich in der Antike vom damaligen Weltbild, welches gefüllt war mit Mythen, Religion und Glaube. Der Fokus lag auf dem Sein eines Menschen, auf seinen Gedanken und seinem individuellen Handeln. Es kam daher nicht mehr auf Möglichkeiten von Mythen an, auch wenn sie weiterhin von Philosophen verwendet wurden, wenn auch ausschließlich im dichterischen Bereich oder in der Metaphysik, auch wenn das eher selten der Fall war.

Im 19. Jahrhundert wurde die Philosophie zu einer anerkannten Fachwissenschaft, mit welcher die Philosophie der Gegenwart in der heutigen Zeit charakterisiert wird. Als Naturwissenschaft wird sie in Universitäten und Schulen unterrichtet, wenn auch nicht immer als eigenständiges Fach. Häufiger dagegen wird die Philosophie in anderen Fächern behandelt, wobei diese sich auf die Geisteswissenschaften konzentrieren. In psychologischen oder medizinischen Studiengängen kommt es daher häufig auch zu Erklärungen im philosophischen Bereich. Im Gegensatz zur Antike ist die Philosophie im Alltag heute nicht mehr häufig zu sehen; weitestgehend ist sie in Vergessenheit geraten. Im antiken Griechenland waren es die jungen

Menschen, welche aktiv der Philosophie gefolgt sind und sie in ihr Leben gebracht haben. Aus ihnen wurden große Philosophen, welche heutige Traditionen aufgebaut haben. Heute allerdings sind diese Traditionen nur noch selten im Alltag der Menschen zu finden, vielmehr hat die Philosophie dagegen einen schlechten Ruf erhalten.

So ist das Beschreiben einer Person als „Philosoph" kein Kompliment. Stattdessen wird genau dies gesagt, wenn impliziert wird, dass besagte Person mit ihren Gedanken nicht immer anwesend ist, wenn eine Person tagträumt oder mit den Gedanken in den Sternen hängt. Bezeichnet werden so Personen im heutigen Leben, die den Bezug zur Realität verloren haben; Träumer, die nicht an das Wesentliche denken.

Dabei ist ein wahrhaftiger Philosoph jemand, der sehr genaue Gedanken hat, der sich mit Wissen befasst, welches im Alltag durchaus wichtig sein kann, aber nicht immer sein muss. Im wissenschaftlichen Bereich wird die Philosophie zudem beinahe bei allen Themen angewandt. Philosophische Methoden sind in vielen Praxisgebieten hilfreich und stellen vor allem wichtige Ausgangspunkte innerhalb der Ethik dar. Die Ethik zählt als ureigenes Gebiet der Philosophie und beschäftigt sich nicht nur mit Religionen und mit dem Glauben, sondern mit jeglichen ethischen Thematiken und damit, wie diese sich auf den Alltag eines Menschen auswirken.

Während die Philosophie eine Disziplin der Wissenschaft ist, ist auch die Philosophie selbst in zwölf philosophische Disziplinen unterteilt, welche alle in Universitäten und Hochschulen gelehrt werden, da sie für die heutige Zeit wichtige Aspekte darstellen, die nicht übersehen werden können. Die verschiedenen Disziplinen sollen auch in diesem Buch erwähnt und erklärt werden, da sie durchaus einen wesentlichen Teil der Philosophie ausmachen, doch dieses

Buch soll eher einen Zeitstrahl der verschiedenen Epochen darstellen. Das Kapitel über die Disziplinen soll daher recht kurz gehalten werden. Sie stellen junge Aspekte dar, welche im Leben der heutigen Philosophen nicht gerade kleine Rollen spielen.

Damit kann auch erkannt werden, dass die heutige Philosophie sehr komplex ist und viele Themengebiete umfasst. Die Antike war dagegen einfach. Deutlich einfacher als heute konnte die Philosophie in die Leben der Menschen gebracht und aktiv angewandt werden. Heute ist sie dagegen sehr komplex, was auch daran liegt, dass der Alltag der Gegenwart im Gegensatz zur Antike sehr anders aussieht. Es kam in der Geschichte der Menschheit zu verschiedenen Revolutionen in den Bereichen der Sprache, der Technik und der Wissenschaft. Deswegen wird die heutige Philosophie auch mit vielen Bereichen in Verbindung gebracht, die nicht sofort mit der Philosophie selbst assoziiert werden; die Technik, die Ökologie, die Medizin und auch die Gentechnik. Die Philosophie selbst ist daher nicht nur komplex, sondern auch interkulturell und stellt nicht mehr nur noch eine allgemeine Philosophie dar, dennoch wird von einer allgemeinen Philosophie gesprochen, auch wenn sie viele Themengebiete umschließt.

Da das Aufzählen aller philosophischen Aspekte viel zu lange dauern würde und nicht aufschlussreich wäre, kann gesagt werden, dass sich Fragen gewidmet wird, welche häufig im alltäglichen Leben vorkommen und die sich viele Menschen, wenn nicht sogar alle Menschen, bereits gestellt haben. Die meisten dieser Fragen sind einfach formuliert: *Wie soll ich handeln? Was kann ich erfahren? Darf ich hoffen? Was genau ist der Mensch eigentlich?*

Fragen wie diese kommen im Alltag recht häufig vor. Jeder hat sich diese Fragen einmal, wenn nicht sogar mehrmals gestellt, doch

Antworten auf diese Fragen können nur wenige finden. Das Problem bei diesen Fragen ist simpel: Eine jede Antwort braucht eine weitere Frage, weshalb es zu einer unendlichen Kette von Fragen und daher auch zu einer unendlichen Kette von Antworten kommen würde. Mit einer solchen Kette von Wissen beschäftigt sich die Philosophie. Die Antworten sind durchaus alltäglich und doch so viel komplexer, als es der Alltag jemals sein wird. Dementsprechend detailliert befasst sich die Philosophie damit.

Doch es sind nicht nur solche Fragen, die die Philosophen der heutigen Zeit und der Vergangenheit beschäftigen. Es wird sich mit viel komplexeren Fragen beschäftigt, die nicht direkt zum Alltag passen, aber einem Menschen dennoch aufkommen können: *Welche Erkenntnisse können erlangt werden? Was bedeutet handeln? Was genau ist die Welt eigentlich? Ist sie wirklich so entstanden, wie die Wissenschaft der heutigen Zeit sich dies denkt? Welche Wesen sind die Menschen eigentlich?*

Natürlich tauchen hin und wieder auch diese Fragen in den Köpfen der Menschen in ihrem alltäglichen Leben auf, doch schnell wird klar, dass hier noch weniger Antworten gefunden werden können. Selbst Philosophen haben es bei diesen Fragen nicht einfach, weshalb besagte Fragen genau für diese Form von Denkern vorbestimmt sind. Sie widmen sich der bloßen Existenz der Menschheit und jeder noch so absurden oder weit hergeholten Frage. So geht es darum, dass die Gedanken der Menschen ergründet, beschrieben und verstanden werden, allerdings nicht innerhalb einer empirischen Wissenschaft. Es sind neuronale Signale, die vom Kopf aus an den Rest des Körpers weitergeschickt werden und eine Kettenreaktion auslösen, die beispielsweise zur Nahrungsaufnahme führt. Darüber sind sich die Menschen seit Jahrtausenden bewusst, doch was stellen die Gedanken außerhalb der Wissenschaft dar, denn nicht alle Fragen, die die Menschheit betreffen, können empirisch erklärt werden? Unter anderem arbeitet die Philosophie daher eng mit der Psychologie zusammen, welche sich im letzten Jahrhundert eigenständig von der Philosophie löste und seitdem eine individuelle Wissenschaft darstellt.

Da die Psychologie selbst erst im 20. Jahrhundert entstanden ist, stellt der Begriff ein junges und vor allem neues Konzept dar, welches noch nicht von jedem verstanden wurde und in der heutigen Zeit auch nicht regulär in Schulen unterrichtet wird. Daher wird häufig missverstanden, dass die Philosophie selbst ein Teil der Psychologie ist, obwohl dies genau andersherum der Fall ist. Ihre Gemeinsamkeiten sind dennoch nicht zu verdenken. Die Verwandtschaft zwischen den beiden Bereichen kann noch immer gut erkannt werden und so kommt es häufig vor, dass Philosophen den Rat von Psychologen einholen und auch andersherum.

Die Psychologie spielt innerhalb der Philosophie der Gegenwart daher eine tragende Rolle, weshalb im nächsten Kapitel genauer erklärt werden soll, wie es zu der Psychologie kam, so, wie sie heute von den Menschen verstanden wird.

PHILOSOPHIE UND PSYCHOLOGIE – ZWEI SEITEN DERSELBEN MÜNZE

Als eigenständiges Forschungsgebiet wird die Psychologie seit über 100 Jahren betrachtet. Zum Ende des 19. Jahrhunderts können die ersten Experimente verzeichnet werden, doch populär wurde die Psychologie erst im 20. Jahrhundert. Auf den vorherigen Seiten wurde schnell klar, dass die Philosophie selbst sich mit den Gedanken der Menschen beschäftigt, und das seit nicht wenigen Jahren. Das Konzept des Verstehens der eigenen Gedanken ist kein junges und kann in den frühesten Momenten der Antike verzeichnet werden.

So hat sich die Philosophie der Antike in einem weiten Sinn mit dem Kernpunkt der Seele beschäftigt. In den Augen der antiken Griechen stellte der Mensch nicht nur eine fleischliche Hülle dar, sondern die eigenen Gedanken gehörten zu einem eigenständigen Wesen, welches sich auch nach dem Tod der fleischlichen Hülle weiterbilden konnte. So ähnlich denkt auch die heutige Psychologie: Die Gedanken stellen eigenständige Handlungen gegenüber dem physischen Körper dar. Das Konzept der unendlichen und unsterblichen Seele kommt eher selten vor, gehört aber dennoch zum Gebiet der Psychologie.

Deswegen wird die Psychologie heute auch „die Lehre von der Seele" genannt, dies verrät die Übersetzung aus der lateinischen Sprache, welche nach der Antike und zu Beginn des Mittelalters die Amtssprache von Gelehrten wurde; griech.-lat. *psychologia*, „die Lehre von der Seele". Die Psychologie stellt damit eine Wissenschaft dar, welche sich auf einer tiefgehenden, emotionalen Ebene abspielt und sich mit all jenen Abläufen im Kopf beschäftigt, die nicht empirisch erklärt werden können. So sind es nicht die neuronalen Signale selbst, sondern die Auswirkungen dieser Signale auf das Handeln eines Individuums.

Schnell wird klar, dass sich die Philosophie und die Psychologie trotz aller Gemeinsamkeiten dennoch voneinander unterscheiden. Das Konzept der Seele wirft in den respektiven Bereichen verschiedene Theorien auf. So geht es in der Philosophie darum, dass die

Seele und der Leib als zwei eigenständige Entitäten betrachtet werden. Damit würden der Seele nicht nur Gedanken zur Verfügung stehen, sondern der gesamte Geist eines Menschen würde als Seele betrachtet werden können. Innerhalb der Psychologie sind Experten andererseits der Meinung, dass die Seele sich rein auf die Gedanken fokussiert. Das Leben nach dem Tod und das Konzept einer niemals endenden Seele bleibt daher ein Konzept der Philosophie. Die Psychologie spezialisiert sich dagegen auf das Hier und Jetzt, auf die Gegenwart vor dem Tod des fleischlichen Körpers. Wichtig ist der philosophische Zeitpunkt, in welchem die Seele den Körper noch nicht verlassen hat, wenn dies der Fall sein sollte. Weder die Seele noch die Gedanken werden daher als „Geist" des Menschen kategorisiert. Die Gedanken stellen keine Entität dar, die eine Form annehmen kann, sondern sie beschreiben den wissenschaftlichen Aspekt von neuronalen Signalen, welche nach dem Tod enden, da der Körper, welche die Gedanken transportiert, versagt hat.

Bis zum 18. Jahrhundert kam es zu keiner solchen Trennung. Alle genannten Aspekte gehörten zu den Bereichen der Philosophie. Erst 1862 veröffentlichte der deutsche Psychologe Moritz Lazarus seine Gedanken und Thesen bezüglich der Spaltung zwischen dem Konzept der philosophischen Seele und der psychologischen Seele. Diesbezüglich erhielt er eine Professur für Psychologie und Völkerpsychologie im selben Jahr. Drei Jahre zuvor bekam er seine Honorarprofessur. Seitdem zählt Lazarus als der Begründer der Völkerpsychologie. In Zusammenarbeit mit Heymann Steinthal, einem deutschen Linguisten, veröffentlichte er die „Zeitschrift für Völkerpsychologie und Sprachwissenschaften", die erste Zeitung über Psychologie. Mit dieser Zeitschrift war es das erste Mal, dass auch das gemeine Volk Zugang zu den höheren Studien der Psychologie hatte, allerdings waren die darin enthaltenen Seiten nicht einfach geschrieben, sondern in einer wissenschaftlichen Hochschrift. Zum Ende des 19. Jahrhunderts fand die Psychologie daher nicht dieselbe Begeisterung, wie dies nur wenige Jahre später im 20. Jahrhundert der Fall sein sollte.

Zu Beginn des nächsten Jahrhunderts brachte der Materialismus eine zusätzliche Trennung zwischen Psychologie und Philosophie, denn es kam dazu, dass sich sowohl juristische als auch medizinische und theologische Fakultäten mit der Psychologie beschäftigten. In der juristischen Fakultät kam es im Übrigen zu einem großen Interesse. Hier wurde die Psychologie verwendet, um den Bezug auf „verhaltenswissenschaftliche Dimensionen" der Vergangenheit zu klären. Die Medizin stattdessen versuchte, physische Probleme mit der Gedankenwelt zu verbinden und herauszufinden, wie sich psychologische Phänomene in Form von Krankheiten auf den Körper auswirken. Genannt wurde dies zum Ende des 19. Jahrhunderts „deskriptive Pathopsychologie". Der Name leitet sich aus der Pathologie ab, weil der medizinische Bereich sich der Psychologie bemittelte, da geglaubt wurde, dass es sich dabei um Verletzungen am Gehirn handelte. Zu Untersuchungen kam es daher nach dem Tod des Patienten. Wissenschaftlich war die Psychologie allerdings noch immer nicht, auch wenn sie damals als ein eigenständiges Fachgebiet bezeichnet werden konnte.

Der Umschwung zu einem akademischen und damit wissenschaftlichen Gebiet kam erst mit dem Behaviorismus. Begründet wurde dieser von John B. Watson, welcher 1913 seine ersten Arbeiten zu diesem Thema veröffentlichte. Der Name wird vom Englischen „behavior" abgeleitet, was zu Deutsch mit „benehmen" übersetzt werden kann. Dabei ging es allerdings nicht um das Benehmen eines

Menschen, sondern um das Benehmen und Trainieren von Haustieren. Getestet wurden die Gebiete des Behaviorismus an Hunden, welche domestiziert wurden. Dabei kam es zu interessanten Ergebnissen, welche besagten, dass gewisse Verhaltensweisen bei Lebewesen und in den ersten Experimenten bei Hunden manipuliert werden konnten. Dies konnte dann erreicht werden, wenn auf Emotion und Motivation geachtet wurde. Seit heute wird daher beim Hundetraining ein Belohnungssystem verwendet, welches das Tier ermutigen und zum Weitermachen antreiben beziehungsweise es schlichtweg belohnen soll. Schnell wurde daraufhin klar, dass dieses Belohnungssystem auch an Menschen angewandt werden kann, da der Mensch dem Tier gar nicht so unterschiedlich sei. Durch weitere Tests und Experimente konnte festgestellt werden, dass sich der Mensch durch Stimuli weiterbildet, welche aus der Umwelt stammen. So bilden sich die eigenen Gedanken aufgrund der Handlungen und Taten von anderen Menschen, die sich als positive oder auch negative Vorbilder genommen werden können. Auch durch künstliche Ereignisse, die von einem anderen Menschen geschaffen wurden oder durch natürliche Ereignisse, wie Umweltkatastrophen oder simple Situationen innerhalb der äußerlichen Welt, kann es zu Veränderungen im menschlichen Denken kommen. Beschrieben werden kann das an dem Beispiel der Natur und künstlichem Licht beziehungsweise Blitzlichtern. Auf den Menschen wirkt die Natur beruhigend und oft meditativ. Blitzlichter dagegen haben eine stimulierende Wirkung, während künstliches Licht zu negativen Gedanken oder zu Kopfschmerzen führen kann. Indem diese Stimuli aktiv angewandt werden, ist es möglich, die Verhaltensweisen eines Menschen zu verändern, zu trainieren, zu lernen und auch wieder zu verlernen.

Acht Jahre lang sollte die Psychologie ein rein akademisches Gebiet bleiben. Geändert wurde dies ab 1921. So veröffentlichte Carl Gustav Jung, ein deutscher Akademiker, ein wissenschaftliches Buch, welches in einer einfachen und verständlichen Sprache geschrieben war: „Tipi Psicologici" oder auch „Psychologische Typen". Der Band behandelte die Themen der Persönlichkeitspsychologie, war allerdings nicht explizit für Akademiker und Studierte geschrieben, sondern das Buch stand der breiten Masse zur Verfügung. Auch das gemeine Volk konnte sich mit Themen befassen, die normalerweise nur an Universitäten angesprochen wurden. Dadurch kam es zu einigen Veränderungen. Nun gehörte die Persönlichkeitspsychologie zum Alltag der Menschen. Jeder versuchte, auf eine persönliche Weise einzigartig und individuell zu sein, weshalb auch die Wissenschaft zugeben musste, dass die Psychologie aus dem Leben der Menschen nicht mehr zu entfernen oder wegzudenken war. Kurz darauf, noch immer zu Beginn des 20. Jahrhunderts, zählte die Psychologie als eine eigenständige, wissenschaftliche Disziplin.

Der Weg dahin war allerdings kein leichter, denn die ersten Unterschiede der Philosophie entstammen der Antike und dokumentiert wurden die ersten Gedanken diesbezüglich im sechsten Jahrhundert nach Christus. Erst vor 100 Jahren wurde die Psychologie als das angesehen, was sie heute ist: Eine Wissenschaft, mit welcher Leben verändert und Menschen geholfen werden kann.

Gesagt werden soll hier zudem, dass sich die Psychologie in ihren wenigen Jahren der Entwicklung stark verändert hat. Obwohl die Typenlehre, die Persönlichkeitspsychologie, in den 30er-Jahren des 20. Jahrhunderts sehr beliebt war, ist dies mittlerweile nicht mehr der Fall. Jahrelang ging es erneut darum, dass die Menschen und vor allem junge Menschen in Schulen gleich aussehen, sich gleich verhielten und nicht aus der Rolle fielen, da es ansonsten zu Mobbing und Ausgrenzungen kommen könnte. Nur langsam geht es wieder darum, dass die Menschen einzigartig werden und ihren eigenen Persönlichkeiten nachgehen, anstatt „mit dem Strom zu schwimmen".

Die Philosophie, doch deutlich mehr die Psychologie, wird als eine empirische Wissenschaft gezählt. Das bedeutet, dass jegliche Erkenntnisse in diesen Bereichen auf spezifischen Beobachtungen basieren, durch welche Datenkataloge gesammelt werden können. Diese Kataloge oder kategorisierten Bilder können an einzelnen Individuen angewandt werden, doch auch die Anwendung an Menschengruppen funktioniert.

Da mit Beobachtungen und darauffolgenden kategorisierten Bildern gearbeitet wird, kann es innerhalb der Philosophie und damit innerhalb der Psychologie kein Handbuch geben. Dies kann recht einfach erklärt werden, denn die Philosophie beschäftigt sich mit all jenen Dingen, die noch nicht erforscht wurden und vermutlich auch niemals endgültig erforscht werden. Ein Handbuch kann es hierbei nicht geben. Die Psychologie dagegen beschäftigt sich mit den Gedanken dieser Menschen, die zwar in einem Handbuch zusammengefasst werden könnten, doch gleichzeitig muss bedacht werden, dass ein jeder Mensch unterschiedliche Gedankengänge hat, dass jeder unterschiedlichen Träumen und Zielen folgt. Auch wenn mit Menschengruppen gearbeitet wird, bestehen diese Gruppen dennoch aus Individuen, deren vielseitige Gedankengänge sich von einer anderen Person unterscheiden. Letztendlich sind es genau diese Gedankengänge, die den Menschen vom Tier unterscheiden. Zu Handbüchern kann es daher also nicht kommen.

Die Philosophie bezieht sich nicht selten auf das Leid und Leben einer einzigen Person. Die Psychologie dagegen behandelt das Denken einer Person innerhalb einer Personengruppe. Untersucht werden Verhaltensmuster, aus welchen Kategorien und Kataloge erstellt werden können. Diese Kataloge können mehreren Menschen helfen und an vielen Personengruppen angewandt werden, doch auch Psychologen sind sich einig, dass nicht verallgemeinert werden sollte, auch wenn niemals eine Person alleine ist und es immer Artgenossen gibt, die ein ähnliches Schicksal teilen. Letztendlich kommt es auf das Schicksal des Einzelnen an.

Während die Philosophie daher eine Wissenschaft des Nachdenkens ist und eine Wissenschaft der Erkenntnisse, stellt die Psychologie einen Lernprozess dar. Dieser Lernprozess ist unendlich, da die Geheimnisse der Menschen niemals alle ergründet werden können und immer mehr dazukommen. Es wird immer Persönlichkeiten und Charaktere geben, mit denen sich ein Psychologe noch nicht beschäftigt hat oder die in dieser spezifischen Form noch nicht aufgetreten sind. Auch über seltene Fälle muss mehr gelernt werden. Dies geschieht ohne ein Lehrwerk, denn jegliche Lehrwerke würden erneut verallgemeinern. Ein Psychologe setzt auf das Erlangen von Erkenntnissen durch Übung und jahrelange Erfahrung: Er setzt auf die empirische Wissenschaft.

Die Erfahrung ist dabei so wichtig, da sie die einzige Quelle der Erkenntnis darstellt, und das nicht nur innerhalb der Psychologie, sondern innerhalb von vielen verschiedenen Wissenschaften. Daher kann recht einfach erklärt werden, warum ein Handbuch beim Diagnostizieren von Problemherden oder dem Verstehen der Gedanken einer fremden Person nicht helfen würde. Während die Philosophie eher in der Theorie arbeitet und keine Feldversuche durchführt, bezieht sich die Psychologie auf die Praxis. Auch die Philosophie beobachtet, doch die Psychologie spezialisiert sich innerhalb der Erkenntnisgewinnung auf die Beobachtung.

Als Grundlage jeder Wissenschaft, ob empirisch oder nicht, kann die Methodologie angesehen werden, die Methodenlehre. Das Prinzip der Methodologie kann anhand von Beispielen innerhalb der Chemie und der Physik erklärt werden. Innerhalb dieser Wissenschaftsbereiche kann es nur dann zu Erkenntnissen kommen, wenn vorher Experimente durchgeführt wurden. Diese führen zu aufschlussreichen Beobachtungen, mit welchen Thesen widerlegt, belegt oder gar unterstrichen werden können. Auch die Philosophie bezieht sich auf die Analyse, allerdings geschieht dies nicht häufig. Innerhalb der Psychologie zählt die Analyse dagegen als Hauptgebiet. Die Chemie und die Physik beziehen sich allerdings auf sehr reale Ebenen, welche mit den eigenen Händen angefasst oder mit einem Mikroskop betrachtet werden können. Die Psychologie bewegt sich stattdessen auf der nicht-materiellen Ebene von Emotionen und Gedanken. Es kann nicht direkt zu externen Experimenten kommen, sondern es wird mit Selbst- und Fremdbeobachtungen gearbeitet, welche anschließend ausgewertet werden können, sodass es zu Einschätzungen kommt. Mit diesen können Therapeuten, Psychologen und Psychiater arbeiten, um Klienten und Patienten zu diagnostizieren, ihr Leben zu verbessern oder bei spezifischen Problemen zu helfen.

Der Begriff „empirisch" beschreibt daher die Erkenntnisgewinnung durch Erfahrung, welche mit Beobachtungen geprüft und rekonstruiert werden können.

DIE THEORETISCHEN ASPEKTE DER PHILOSOPHIE

Unterschieden wird zwischen der theoretischen und der praktischen Philosophie. Die theoretische Philosophie befasst sich mit Anwendungsgebieten der Ontologie, der Erkenntnistheorie und auch der Logik. Die praktische Philosophie befasst sich dagegen mit der Politik, der Sozialphilosophie und mit der Ethik. Die Unterteilung in die beiden Aspekte ist ein sehr altes Konzept, welches teilweise auch veraltet ist und daher heute nicht mehr oft verwendet wird. Daher gibt es keinen Leitfaden, an den sich gehalten werden kann. Die praktische Philosophie stellt in den Leben der Menschen einen wichtigen Aspekt der heutigen Philosophie dar, doch die Anwendungsbereiche sind nicht mehr das, was sie einst waren. Auch innerhalb der Theorie sieht es ähnlich aus. Es kann nicht mehr genau gesagt werden, welcher Aspekt zur praktischen Philosophie gehört und welcher Aspekt rein theoretisch ist.

Innerhalb der griechischen Antike wurden die Anwendungsbereiche gemeinsam verwendet. Der griechische Philosoph Platon, Gründer der platonischen Akademie, einer der Begründer der theoretischen Philosophie und Schüler von Zenon von Kition, war der festen Überzeugung, dass die Einsicht eines Individuums und das Handeln besagter Person ein verstricktes Geflecht ergeben. Sie würden gemeinsam arbeiten, anstatt sich aktiv zu trennen. Dennoch war es erst Aristoteles, welcher 200 Jahre nach Platon und damit seinem Mentor die Praxis von der Theorie spaltete. Er galt als Universalphilosoph, welcher an philosophischen Traditionen hing, doch auch eine Begeisterung für das Neue entwickelte. Er schuf die erste theoretische Wissenschaft: die Metaphysik. Von der praktischen Philosophie war er nicht begeistert und noch weniger wollte er mit ihr in Verbindung gebracht werden, auch wenn er mittlerweile als Begründer der praktischen Philosophie gilt. Nach seiner Meinung gab es ein simples Grundprinzip innerhalb der Philosophie: das Denken. Er war fester Überzeugung, dass die Aspekte der praktischen Philosophie sich davon abgewandt haben. Es würde nicht mehr um das Denken an sich gehen, sondern es ginge um das Handeln. Das Handeln war in der Antike nicht Teil der Philosophie, so, wie, dies heute der Fall ist.

Aristoteles nahm noch weiter Gliederungen vor. Er unterschied die theoretische Wissenschaft in die Mathematik, in die Theologie, welche nach seinen Lehren die ehrwürdigste aller Wissenschaften darstellen würde, da die Anwendungsgebiete der Theologie rein theoretisch seien, und in die Naturphilosophie, welche sich im Mittelalter zur heutigen Physik entwickeln sollte. Er lehrte diesbezüglich auch, dass die Theologie, so rein, wie sie war, „nicht Mittel zu etwas anderem, nicht auf sich selbst gerichtet" wäre, sondern dass sie über einen Selbstzweckcharakter verfügt. Anstatt dem Willen einer anderen Wissenschaft oder eines anderen Bereiches zu folgen, würde sie nur aufgrund ihres eigenen Willens bestehen.

Das ist auch der Grund, warum die praktische Philosophie hinter die theoretische Philosophie fiel und über mehrere Jahrhunderte hinweg vergessen wurde. Das interessenlose Forschen, welches die freieste Form des Lebens darstellte, wäre die höchste aller den Menschen damals bekannten Lebensformen. Um 300 vor Christus kam es daher zu den ersten Entwicklungen innerhalb der Philosophie. Es kam zu der „Mittel-Zweck-Relation", auf welche innerhalb der theoretischen Philosophie aktiv geachtet wurde.

Die Zeit danach fokussierte sich auf die Unterschiede innerhalb der Disziplinen, welche im nächsten Unterkapitel beschrieben werden sollen. Besagte Disziplinen haben sich über die letzten 2.000 Jahre oftmals verändert und neue Disziplinen sind dazu gekommen, weshalb die Liste mittlerweile recht lang ist. Das liegt unter anderem daran, dass die Zeit nach der Geburt Jesus Christus keine einfache war. Daraufhin brachte jede weitere Epoche neue Aspekte für die Philosophie. Da die letzten 2.000 Jahre innerhalb der Philosophie nicht die beste Form der Dokumentation beinhalten, da viele Schriftstücke verbrannt oder anderweitig zerstört wurden, sind sich Experten nicht darüber im Klaren, wodurch eine Disziplin innerhalb der Philosophie aufgenommen werden kann und warum andere Bereiche ausgeschlossen bleiben. Gleichermaßen gibt es keine Regel, warum ein Bereich in der Theorie vorkommen kann, allerdings nicht innerhalb der Praxis. Andersherum ist es genauso. Ein System, welches annähernd darauf verweist, wurde von Karl Marx und Immanuel Kant erzielt, doch auch dieses System wird heute nicht häufig verwendet. Dies kommt daher, dass die Gedanken von Kant durch den Deutschen Idealismus des 18. und 19. Jahrhunderts beeinflusst wurden.

Sein persönliches System erklärt er, indem er auf die systematische Einheit und die Vernunft dahinter verwies. Seiner Meinung nach ist den Philosophen der Antike ein Fehler unterlaufen: Die Theorie hätte niemals von der Praxis getrennt werden dürfen. Dennoch gab es in den Lehren der antiken Philosophen auch wahre Worte, denn innerhalb der verschiedenen Disziplinen gab es große Unterschiede, welche auf eine Trennung zwischen der praktischen und der theoretischen Anwendung schließen lassen. Nach Kant durfte es dennoch zu keiner Trennung kommen, da die Unterschiede innerhalb der Anwendungsgebiete Hand in Hand miteinander arbeiten würden. Durch die richtige Führung könnten sie zu einem komplexen Gesamtsystem verknüpft werden. Dieses System würde auf dem Bedürfnis der allgemeinen Vernunft beruhen. Auch wenn es noch immer keine Regeln zur Aufnahme einer Disziplin innerhalb der Philosophie gibt, liegt dahinter dennoch eine Systematik, welche nicht ignoriert werden kann.

Diese Information half dennoch nicht dabei, dass zu einem gemeinsamen Nenner gekommen werden konnte. So stritt Immanuel Kant häufig mit Johann Gottlieb Fichte, welcher ebenfalls ein deutscher Philosoph war und zudem ein Erzieher, der mit jungen Menschen arbeitete. Fichte kritisierte aktiv Kants Gedanken gegenüber jeglichen Formen der Philosophie. Er selbst war der Meinung, dass es eine strenge und dazu systematische Methodik bräuchte.

Angesprochene Systematiken können noch immer in dem System der Disziplinen erkannt werden. So ist es verständlich, warum viele Philosophen unterschiedlicher Meinung waren, und es kann erkannt werden, warum eine Disziplin wie die Metaphysik eher in die Theorie passt, da das Übernatürliche nicht mit der Physik beschrieben werden kann, oder warum Naturwissenschaften nicht innerhalb der Theorie angesprochen werden müssen. Ernst genommen werden diese Unterschiede in der Gegenwart dennoch nicht mehr. Es ist dem Anwender überlassen, ob dieser eine Disziplin praktisch oder theoretisch löst; es liegt am Erachten des Philosophen. Gleichzeitig hat sich damit die Begriffserklärung verändert. So bedeutet der Begriff der praktischen Philosophie nicht, dass es um praktische Experimente innerhalb der Naturwissenschaften geht, sondern gemeint ist der aktive Anwendungsbereich im alltäglichen Leben. Die praktische Philosophie soll genauer zum Ende des Buches beschrieben werden, da vorher die verschiedenen Epochen der letzten 2.000 Jahre geklärt werden müssen.

Bevor es dazu allerdings kommt, sollen in dem folgenden Unterkapitel die einzelnen Disziplinen kurz beschrieben werden. Da dieses Buch einem Zeitstrahl gleicht, soll dieses Kapitel nur kurz gehalten werden.

Die 12 Disziplinen der gegenwärtigen Philosophie

Innerhalb der Philosophie ist es über die Jahre hinweg zu 12 Teilbereichen gekommen, welche heute als Disziplinen bezeichnet werden. Dabei handelt es sich sowohl um methodische Disziplinen als auch um gegenstandsbezogene Disziplinen. Besagte Teilbereiche fordern explizit die Vorgehensweisen und Aufgabenstellungen heraus, gleichzeitig allerdings auch das Verständnis innerhalb der Philosophie selbst.

Alle Teilbereiche können wiederum in weitere Teilbereiche gegliedert werden, welche zu vielseitig und zu umfangreich sind, um sie aufzählen zu können. Zudem kommt es immer wieder zu neuen Unterteilungen. Besprochen werden sollen hier daher nur die Hauptdisziplinen. Dabei handelt es sich um die Ästhetik, die Erkenntnistheorie, die Ethik, die Logik, die Metaphysik, die Naturphilosophie, die Rechts- beziehungsweise Staatsphilosophie, die Philosophiedidaktik, die Anthropologie speziell innerhalb der Philosophie, die Religionsphilosophie, die Sprachphilosophie und die Theorie der Geisteswissenschaften, welche zwar mit der Psychologie zusammenarbeitet, sich aber dennoch stark von dieser unterscheidet.

Ästhetik

Die Ästhetik beziehungsweise die philosophische Ästhetik beschreibt die Schönheit, genauer gesagt die Theorie aller ästhetischen Phänomene. Da die Schönheit eines Phänomens auf persönlicher Meinung basiert, unterliegt die philosophische Disziplin der Ästhetik deutlich stärkeren und individuelleren Einschätzungen, als dies bei allen anderen Disziplinen der Fall ist. Doch nicht nur die Meinungen bezüglich der Schönheit gehen auseinander, sondern auch die philosophische Bedeutung, die der Ästhetik zugewiesen wird, ist umstritten. So beschreibt die Ästhetik eine Form, die traditionell „die erste Philosophie" genannt wird. So wird ein Gegenstandsbereich innerhalb Aristoteles' Lehren genannt, innerhalb der theoretischen Wissenschaft. Gleichzeitig gehen viele Philosophen der Neuzeit und der Gegenwart davon aus, dass die Ästhetik einem starken Bedeutungsverlust unterliegt.

So überschneidet sich der Gegenstandsbereich innerhalb der philosophischen Ästhetik mit Disziplinen innerhalb verschiedenster Wissenschaften; sie ist gleichermaßen Teil der Soziologie, der Psychologie, der Literatur- und Musikwissenschaft sowie der Kunstkritik und der allgemeinen Kunstgeschichte. Ihre Fragestellungen richten sich dabei an die von Natur geschaffenen Phänomene der Schönheit, doch gleichzeitig auch an die Schönheit des vom Menschen Geschaffenen.

Erkenntnistheorie

Hin und wieder wird die Erkenntnistheorie „Gnoseologie" und „Epistemologie" genannt. Dabei handelt es sich um eines der Hauptgebiete der Philosophie mit großer Bedeutung in der heutigen Zeit. Es wird sich innerhalb der Erkenntnistheorie mit Fragen beschäftigt, die jegliche Voraussetzungen für den allgemeinen Erkenntnisgewinn darstellen. Es geht um das Zustandekommen des Wissens und daher auch um die Überzeugungen bezüglich bestimmtem Wissen in generellen Formen. Diesbezüglich werden Rechtfertigungen und Argumentationen in Augenschein genommen, die sich mit dem objektiven Zweifeln an der Erringung von Wissen oder dem Verteidigen von Wissen beschäftigen.

Da es um den Erkenntnisgewinn des Wissens geht, arbeitet die Erkenntnistheorie auch innerhalb der Wissenschaftstheorie und daher auch in allen benachbarten Feldern. Nicht direkt geht es dabei um das Wissen selbst, vielmehr geht es um die Einstufungen besagten Wissens, die Kategorisierung des Wissens und die Erlangung des Wissens.

Ethik

Die Ethik befasst sich nicht mit Kulturen oder Religionen, so, wie das Religionsfach in manchen Schulen genannt wird, sondern mit jeglichen Bereichen, die sich mit dem Bewerten des moralischen und damit menschlichen Handelns beschäftigen. Die Ethik stellt das methodische Denken dar, spezifisch betrachtet auf die menschliche Moral. Damit dreht sich die Ethik um die Begründbarkeiten von Handlungen und Aussagen. Sie reflektiert das Handeln eines Menschen. Die Ethik stellt nicht nur die beschreibende Macht dar, sondern die kritische Beurteilung. Deswegen wird sie „Philosophie der Sitten" oder „Moralphilosophie" genannt.

Direkt benachbart ist die Ethik mit der Rechtsphilosophie, der Staatsphilosophie und der Sozialphilosophie. Gemeinsam mit den benachbarten Gebieten bildet die Ethik den Aufgabenbereich der

DIE GRUNDREGELN DER PHILOSOPHIE | 25

„praktischen Philosophie", da all diese Gebiete sich mit dem aktiven Handeln der Menschen beschäftigen.

Die Ethik stellt eine eigenständige Disziplin dar, obwohl sie innerhalb von vielen anderen philosophischen und wissenschaftlichen Bereichen zu finden ist. Dies kommt daher, dass die Ethik die Kriterien bezüglich jeglicher Einschätzungen darstellt. Sie beschreibt das Grundprinzip von „gut" und „schlecht".

Logik

Die klassische philosophische Logik wird hin und wieder auch „Folgerichtigkeit" genannt und stellt nicht nur die klassischste Disziplin dar, sondern auch die älteste. Im Alltag beschreibt die Logik das vernünftige Schlussfolgern in allen Lebenssituationen, in der Philosophie geht es vor allem darum, dass Gedanken und Ideen auf klassische Regeln und Traditionen zurückzuführen sind. Daher wird die Logik hin und wieder auch mit der „Denklehre" oder der „Schlussfolgerungslehre" bezeichnet. Die Logik ist für die Philosophie so wichtig, da die frühesten Philosophen auf ihre Argumentation aufgebaut haben und Phänomenen, die der Mensch damals nicht verstehen konnte, Struktur verliehen haben. Jeglicher Inhalt spielte dabei keine Rolle, stattdessen wurde mit der Logik auf die Gültigkeit einer Aussage geachtet.

Damit stellte die Logik in der Antike einen der effektivsten Wege bezüglich der Wissens- beziehungsweise Informationsbeschaffung dar. Mittlerweile stellt sie dennoch nur eine symbolische Disziplin dar, da andere Disziplinen einen größeren Stellenwert besitzen und Logik das Grundbedürfnis eines Menschen darstellt.

Metaphysik

Die Metaphysik übersetzt sich aus dem Griechischen. Sie bedeutet „natürliche Beschaffenheit". Dabei wird nicht auf den Begriff „Physik" geachtet, sondern die Metaphysik beschäftigt sich mit allen übernatürlichen Aspekten des Lebens. Sie wird dann angewandt, wenn Fundamente von allgemeinen Prinzipien und Strukturen erläutert werden müssen. Sie gibt der Realität einen Zweck und einen Sinn. Diesbezüglich werden klassische Problematiken aus der frühen Antike erläutert, doch auch in der heutigen Zeit wird die Metaphysik verwendet. Die Metaphysik stellt einen Aspekt der theoretischen Philosophie dar. Sie kann nicht praktisch angewandt werden, da die Aspekte des Glaubens nicht auf den Regeln der Physik aufbauen.

Damit wird in der Metaphysik nur eine Frage behandelt: Warum besteht die Welt? Auf eine Antwort folgt die nächste Frage und wieder eine Antwort. Die Metaphysik fragt nach der letzten Antwort in einer scheinbar unendlichen Kette. Kann sich diese letzte Frage um Gottheiten und Götter drehen oder ist es ein anderes Wesen, welches die Welt so geformt hat, wie sie heute ist?

Die Metaphysik beschäftigt sich mit dem sogenannten „Leib-Seele-Problem", welches fragt, ob es eine Seele fernab vom physischen Körper geben kann.

Naturphilosophie

In der Gegenwart genießt die Naturphilosophie verschiedene Bedeutungen. In der Antike stellte sie ein Mittel dar, um die Natur so zu erklären, dass die Menschen der damaligen Zeit sie verstehen konnten. Die ersten Anfänge können daher in Athen vor 2.000 Jahren gefunden werden. Deswegen stellt die Naturphilosophie neben der Logik eine der ersten Grundprinzipien und heute philosophischen Disziplinen dar.

Die Vorsokratiker versuchten, Gründe für das Erscheinen des Planeten zu finden. Bereits vor 2.000 Jahren wurde in die vier Elemente eingeteilt, die auch heute die Bausteine der Welt darstellen, doch auch wurden bereits Atome ausfindig gemacht. Dennoch nahm die damalige Naturphilosophie keinen wissenschaftlichen Weg, sondern es handelte sich damals um ein Erklärungs- oder auch Konstitutionsprinzip.

Die Naturphilosophie der Antike, bevor sie zu Zeiten des Mittelalters zur Physik wurde, kann zusammengefasst werden, wenn auf eine Abhandlung namens „Über die Natur" geschaut wird, welche im Rahmen der Zusammenarbeit der frühesten Philosophen geschrieben wurde. Darin wird sehr genau erklärt, dass die Naturphilosophie innerhalb der Welt nicht nur eine zentrale Rolle spielt, sondern auch die Betrachtung von sinnlichen und daher wahrnehmbaren Substanzen darstellt.

Rechts- & Staatsphilosophie

Die Rechtsphilosophie und die Staatsphilosophie werden in einer großen Disziplin zusammengefasst. Es handelt sich um eine Grunddisziplin, welche sich innerhalb der Rechtswissenschaft bewegt. Dabei wird sich mit konstitutiven Fragen bezüglich des allgemeinen (Menschen) Rechts beschäftigt.

Bei den Fragestellungen handelt es sich um einfache Fragen, die alle auf dieselbe Antwort verweisen. Wie kann das Recht beschrieben werden und was genau ist der Unterschied zwischen „Recht" und „Gerechtigkeit"? Basiert das Recht auf einer materiellen

Ebene? Wie sind die formalen Rechtsformen entstanden und was genau ist das „Rechtsgefühl"?

Die Antwort auf diese Fragen ist für einen Menschen außerhalb der Philosophie einfach: sie steht im Rechtsbuch. Dem allgemeinen Volk reicht diese Antwort. Philosophen innerhalb der Rechtsphilosophie stellen sich zudem die Frage, wer die Regeln geschrieben hat und warum sie so formuliert sind, wie es eben der Fall ist. Es kommt zu einer „allgemeinen Rechtslehre".

Damit das allgemeine Recht ermittelt werden kann, werden verschiedene Erkenntnisse und Methoden verwendet, die aus der allgemeinen Philosophie stammen. So basiert die Rechts- und Staatsphilosophie auf der Wissenschaftstheorie und der Logik, doch auch die Sprachwissenschaft spielt gemeinsam mit der Semiotik eine nicht kleine Rolle.

Philosophiedidaktik

Die Philosophiedidaktik beschreibt eine durchgeführte Fachdidaktik, die innerhalb der allgemeinen Philosophie heimisch ist. Sie wird im Philosophieunterricht in manchen Schulen angesprochen und ist daher an Kinder und junge Erwachsene gerichtet. Die Philosophiedidaktik wird daher auch „Philosophieren mit Kindern" genannt. Tiedemann beschreibt, dass die Didaktik innerhalb der Philosophie „ein sehr alter Teil der Philosophie, aber eine junge akademische Disziplin" wäre. Die Didaktik stellt daher das systematische Reflektieren dar, das bewusste Arrangieren von Prozessen innerhalb des alltäglichen Lernens und das Lernobjekt beziehungsweise Lernsubjekt in Bezug auf den sokratischen Dialog. Damit begannen die ersten Anfänge in der Antike, vor 2.000 Jahren. In den Zeiten von Zenon von Kition stellte sie ein wichtiges Mittel der gezielten Argumentation dar. Mit ihrer Hilfe konnten die Schüler erlernen, wie sie es nicht nur zu einer fortschrittlichen Wissensbeschaffung bringen konnten, sondern auch, wie Diskussionen und insbesondere Streitgespräche vermieden werden können. Die philosophische Didaktik bezog sich nicht nur auf die Logik, sondern auch auf den gesunden Menschenverstand und auf die Fähigkeit des Menschen, objektiv zu handeln.

Die Argumentation fokussierte sich auf das ausführliche Besprechen von zwei Seiten einer Geschichte. Bei solchen Gesprächen kann es zu Streitgesprächen kommen, wenn niemand die eigene Seite aufgeben will, weshalb es auch zu subjektiven Erklärungen kommen konnte, die nicht auf Logik und nicht auf Tatsachen beruhen. Dabei half und hilft noch immer die Philosophiedidaktik.

Anthropologie innerhalb der Philosophie

Die Anthropologie stellt die „Menschenkunde" innerhalb der Philosophie dar. Genauer gesagt handelt es sich um explizites Wissen, welches sich mit dem Menschen befasst; mit dem Wesen des Menschen. Seit Anbeginn der Zeit haben sich die Menschen gefragt, warum sie existieren. Bereits die ersten Menschen forschten an ihrer Existenz. Dennoch ist die anthropologische Philosophie eine junge Disziplin im Vergleich zu Disziplinen wie die Logik oder die Erkenntnistheorie, welche beide in der frühen Antike entstanden sind. Während die Anthropologie vor ein paar Jahrhunderten entstanden ist, entwickelte sich die philosophische Anthropologie in den ersten 50 Jahren des 20. Jahrhunderts.

Als Mitgründer wird Max Scheler beschrieben, welcher die Anthropologie mit einer simplen Feststellung revolutionierte: „Wir sind in der ungefähr zehntausendjährigen Geschichte das erste Zeitalter, in dem sich der Mensch völlig und restlos problematisch geworden ist: in dem er nicht mehr weiß, was er ist; zugleich aber auch weiß, dass er es nicht weiß."

Die Philosophen der Antike versuchten, den Sinn des Lebens, vor allem im eigenen Leben, zu finden, heute geht es dagegen um die Allgemeinheit. Das Ziel der Anthropologie ist nicht der einzelne Mensch, sondern es geht um die Daseinsbedingung eines Menschen. Dies ist eine Voraussetzung eines menschlichen Wesens und gehört zu den Menschenrechten, doch sie kann unterschiedlich betrachtet werden. So kann sie kultureller Natur sein, ortsspezifisch oder zeitspezifisch. Die Grundsituation eines Individuums ist ein großer Teil der philosophischen Anthropologie, genauso wie die Selbstreflektion auf das eigene Sein und auf das Sein eines Gegenübers.

Religionsphilosophie

Während es nicht die Ethik ist, welche sich auf den Inhalt von Religionen bezieht, macht die Religionsphilosophie genau das. Nicht nur geht es um den theoretischen Inhalt, sondern auch um jegliche Erscheinungsformen, in denen die Religion als Oberbegriff auftreten kann. Die Religionsphilosophie versucht aktiv, nach Antworten zu suchen, und das systematisch sowie rational. Es geht um die Vernünftigkeit hinter religiösen Aussagen und darum, wie sehr sie auf Logik basieren können. Die Religion selbst, in welcher Kultur diese auch auftreten mag, unterliegt nicht der Logik als philosophische Disziplin, dennoch untersteht sie der Logik der Menschen, die der Religion folgen. Wie sehr ergeben eine Religion und die dazugehörigen Aussagen daher Sinn?

Genauer betrachtet werden die Wesen und Formen aller Religionen, so klein und anhängerlos sie sein mögen, und es geht zudem um Bedeutungen innerhalb der Leben der Menschen und diesbezügliche Auswirkungen in praktischen Bereichen. Deswegen wird die philosophische Religionslehre auch als Religionskritik betrachtet. Sie spezialisiert sich auf das philosophische Analysieren von religiösen Sprachen, Werten und Ideologien. Das beinhaltet auch die Symbolik innerhalb religiöser Inhalte.

Dabei werden entweder „reduktionistische" Ansätze verwendet oder „hermeneutische" Ansätze innerhalb der Sprachphilosophie. Reduktionistisch bedeutet, dass die Religionen als ein Produkt von externen Faktoren betrachtet werden. Hierbei geht es um den Lebenswillen und um Triebkonflikte der Menschen, aber auch um evolutionsbiologische Mechanismen. Die hermeneutischen Ansätze beziehen sich auf die Verständlichkeit der religiösen Inhalte. Es wird das Eigentümliche kontrolliert. Explizit wird sich bei diesen Ansätzen auf eine einzige Religion spezialisiert anstatt auf mehrere.

Sprachphilosophie

Die Sprachphilosophie bezieht sich nicht nur wie angenommen auf die Sprache als eigenständiger Faktor, sondern es geht um die geistliche Bedeutung der Sprache. Damit besagt die Philosophie der Sprache, dass es unterschiedliche Verhältnisse zwischen der Sprache und der Wirklichkeit beziehungsweise dem Bewusstsein des Menschen gibt.

Die Sprachphilosophie beschreibt nicht nur eine philosophische Disziplin, welche eine der jüngsten Disziplinen darstellt, sondern sie gilt auch als eine Teildisziplin in der Linguistik. Aufgrund dessen wird die Sprachphilosophie manchmal auch als Teilbereich innerhalb der allgemeinen Semiotik angesehen. Diese beschäftigt sich mit der Zeichenlehre. Daher arbeitet die Sprachphilosophie eng mit der klassischen Logik zusammen, da die Analysen von Sprachen auf logischen Konstrukten und Strukturen basieren. Genauso eng verwandt ist die Sprachphilosophie mit der anthropologischen Philosophie.

Wichtig zu verstehen ist, dass die sprachphilosophisch orientierte Philosophie nicht dasselbe ist wie die Sprachphilosophie selbst. Die Namen sind sich sehr ähnlich, doch die beiden Aspekte beziehen sich auf unterschiedliche Anwendungsfelder. So bezieht sich die sprachphilosophisch orientierte Philosophie auf anthropologische Überlegungen und ist daher Teil der philosophischen Anthropologie. Diese bezieht sich auf den Stellenwert des Menschen, bezogen auf den Menschen als sprachfähiges Wesen. Die Sprachphilosophie dagegen wird als eine Analyse angewandt und hinterfragt daher nicht den Stellenwert, sondern spezialisiert sich aktiv auf die Sprachkritik.

Theorie der Geisteswissenschaften

Bei der Theorie der Geisteswissenschaften handelt es sich mehr um ein Teilgebiet als aktiv um eine Disziplin. Diese wird auch als die „Philosophie des Geistes" bezeichnet. Der Name gibt Aufschluss darüber, dass es sich bei diesem Teilbereich um Überlegungen bezüglich des geistigen und mentalen Zustandes des Menschen handelt. Das Leben eines Individuums wird daher in Frage gestellt. Genauer gesagt steht der Aspekt im Vordergrund, welcher sich mit dem Verhältnis von körperlichen Gebrechen auf die Psyche und andersherum beschäftigt. Die Frage bewegt sich innerhalb ontologischer Gebiete und arbeitet gleichermaßen mit der Psychologie zusammen, welche sich, wie im vorherigen Kapitel beschrieben, von den philosophischen Ansätzen der Theorie der Geisteswissenschaften unterscheidet. So ist die Psychologie praktisch veranlagt, während die Theorie der Geisteswissenschaften ihrem Namen entspricht.

Es werden explizite Fragen gestellt, die sich erkenntnistheoretisch auf die Erkennbarkeit der Seele beziehungsweise des menschlichen Geistes richten. Daher wird überprüft, ob der mentale Zustand des Menschen für dessen körperlichen Zustand verantwortlich ist oder ob auch hier die beiden Zustände als unterschiedliche Entitäten arbeiten. Verständlich gemacht wird dabei, dass es sich bei der Theorie der Geisteswissenschaften nicht um die „Philosophie der Bewegung des Geistes durch die Geschichte" handelt. Diese stellt einen weiteren Teilbereich dar, jedoch fernab der Philosophie des Geistes. Beide Bereiche werden voneinander getrennt, doch zu Verwechslungen kommt es dennoch, da die Philosophie der Bewegung des Geistes durch die Geschichte von einem Weltgeist spricht. Auch die Seele des Menschen kann innerhalb der Theorie der Geisteswissenschaften als ein Geist bezeichnet werden.

Die Philosophie des Geistes bezieht sich auf den Geist eines individuellen Menschen, während die Psychologie auf die Allgemeinheit und auf Menschengruppen achtet.

Dokumentiertes Nachdenken – ein Zeitstrahl der Philosophie

Die Dokumentationsmethoden von der Antike bis zur heutigen Zeit haben sich häufig verändert. Niemals ist es zu einer einheitlichen Dokumentation gekommen, weshalb es für heutige Philosophen nicht einfach ist, die letzten 2.000 Jahre zu verstehen. Dazu kommt, dass sich in diesen 2.000 Jahren unzählige Strömungen innerhalb der Philosophie entwickelt haben. Es haben sich Formen gebildet, die sich von anderen unterscheiden, weshalb Archive entstanden sind, die einer Größe entsprechen, welche kein Mensch in seiner gesamten Lebenszeit analysieren könnte.

Einige dieser Strömungen und Formen haben sich nicht freiwillig gebildet. In der Geschichte der Philosophie kam es zu vielen Kämpfen, Kriegen und Schlachten. So war die Philosophie in der Antike vor 2.000 Jahren sehr hoch angesehen, doch als sich nach Beginn der Jahrtausendwende andere Kulturen und somit auch Religionen entwickelten, stellte die gottlose Philosophie für einige Kulturen ein Hindernis dar. Niemals bestand der Kreis der Philosophen aus Soldaten, Kämpfern oder Kriegern. Dies war weder physisch der Fall noch mental. Andere Kulturen konnten sich schneller entwickeln und wurden mit der Zeit immer stärker. Während andere Kulturen sich neuen Gewohnheiten zuwandten und neuen Traditionen, rief die Philosophie sich auf ihre alten Traditionen zurück. Das machte die Philosophie und all ihre damaligen Anhänger zu einem leichten Ziel. Daraufhin war es nur natürlich, dass Kulturen dies zu einem aktiven Vorteil nutzten. So galt die Philosophie aufgrund von Eroberungen mehr als einmal als komplett verloren. Es kam mehrmals in der Geschichte dazu, dass Schriften und Hinterlassenschaften von großen Philosophen verbrannt beziehungsweise zerstört wurden, Schulen wurden geschlossen und die Gebäude wurden abgerissen, teilweise wurde auch das simple Praktizieren der Philosophie in der simpelsten Form verboten.

Ihre Lehren verblassten, doch nicht nur durch Schlachten und Unterdrückungen oder weil 2.000 Jahre zwischen den ersten Anfängen liegen, sondern nicht zuletzt durch das Zeitalter der Technologie. So stellte die Philosophie im Mittelalter eine Form der Dokumentation dar: das Hinterfragen von fragwürdigen Antworten. Dafür gibt es in der heutigen Zeit wissenschaftliche Methoden und wenn dennoch eine Frage nicht beantwortet werden kann, dann wird das Internet zurate gezogen, auch wenn dies bei wissenschaftlichen Fragen nicht immer funktioniert. Die philosophischen Methoden müssen nun nicht mehr angewandt werden, um zu einem gewissen Ziel zu kommen. Das kann heute mit dem simplen Tippen innerhalb einer Suchmaschine erreicht werden.

Insgesamt kann gesagt werden, dass das Nachvollziehen der einzelnen philosophischen Epochen alles andere als einfach ist. Da sich viele verschiedene Formen und Stränge gebildet haben, ohne dass es jemals zu einer vollständigen Dokumentation kommen konnte, kann auch nicht genau gesagt werden, wie viele Philosophieströmungen sich gebildet haben und ob es versteckte Formen gibt, die noch nicht gefunden wurden.

Mit einer großen Sicherheit teilen die heutigen Philosophen die letzten 2.000 Jahre in fünf große Epochen. Diese Epochen beginnen in der Antike und verfolgen den Werdegang der gesamten Philosophie. So reicht die Philosophie von der Antike über die Zeiten des Mittelalters und damit auch über die Zeiten der Renaissance bis hin zu der Neuzeit, welche ab dem 17. Jahrhundert beginnt – und damit bis in das heutige Zeitalter hinein. In den folgenden Abschnitten soll die Philosophie in ihren Epochen erklärt werden und damit alle entstandenen Hauptwege und Formen.

PHILOSOPHIE DER ANTIKE

Ihre ersten Wurzeln schlug die Philosophie im sechsten Jahrhundert vor Christus. Die antiken, griechischen Denker bildeten die Philosophie und auch heute noch haben sie einen großen Stellenwert. Diese durchaus überragende historische Bedeutung kommt daher, dass sie die ersten Traditionen geschaffen haben, welche Jahrhunderte überdauerten und auch heute immer noch zum Einsatz kommen. Zu diesen ersten großen Denkern zählen Platon und Aristoteles, welche sich mit der Frage der Objektivität beschäftigt haben und damit, ob eine Erkenntnis als Mensch möglich ist beziehungsweise ob ein Mensch objektiv sein kann. Diese beiden griechischen Philosophen stellten sich der Frage, was der Stellenwert der Menschen innerhalb einer objektiven Wirklichkeit ist. Diese Frage beschäftigt Philosophen noch heute, doch war es weder Platon noch Aristoteles, welcher als Begründer der Philosophie angesehen wird. Diese beiden Philosophen stellten sich Fragen, welche heute noch unbeantwortet und daher auch weiterhin beforscht werden. Die ersten Grundsätze kamen allerdings von ihren Lehrern.

Zenon von Kition wird bis heute als Begründer der Philosophie genannt. Er war einer der ersten Menschen, welche sich öffentlich der Frage der Freiheit stellten. Aufgrund dessen erschuf er den Stoizismus, eine der ersten und zudem ältesten Formen der praktischen Philosophie, welche aktiv im Alltag angewandt werden konnten.

Dabei handelte es sich um eine Lebensphilosophie, welche besagt, dass weder Hektik noch Ungeduld oder Angst im Leben eines produktiven Menschen etwas zu suchen oder gar etwas zu bestimmen hat. Die Stoa ist im dritten Jahrhundert vor Christus entstanden, in Athen, Griechenland. Zenon der Jüngere kam als Schiffbrüchiger in die Hauptstadt Athen, wo er nach einem Weg suchte, um zurück zu seiner Familie zu gelangen, und das nicht ohne leere Hände, denn sein Schiff mitsamt seinem Hab und Gut war im Mittelmeer versunken. Als gebrochener Mann, der keine Besitztümer mehr hatte, wandte er sich an philosophische Gruppen, welche damals noch hoch oben in den Bergen praktizierten, fernab der Öffentlichkeit. Er verbrachte zehn lange Jahre als Jünger, bevor er sich dazu entschied, mit seinen Lehren an die Öffentlichkeit zu gehen und eine Schule zu gründen für all diejenigen, welche genauso wie er mittellos sind und keine Zukunft mehr in Sicht haben.

Bald praktizierten beinahe alle Griechen den Stoizismus. Die Lebensphilosophie der Stoa wurden essentiell und war dementsprechend nicht mehr wegzudenken. Es ging so weit, dass der Stoizismus eine fast verpflichtende Macht im Alltag einnahm. Die Gesellschaft wäre im Chaos verfallen, wenn auch nur an den Verzicht einer so wichtigen Macht gedacht worden wäre. Um diesen Aspekt genauer zu erklären, muss gesagt werden, dass zur gleichen Zeit das erste Mal ein demokratisches System in der Politik angewandt wurde. Durchaus gab es noch immer Sklaven und auch Frauen standen unter dem männlichen Geschlecht und hatten in Sachen Politik kein Mitspracherecht, doch es war dennoch eine Demokratie, die auf dem männlichen Volk beruhte und nicht mehr nur noch auf einem einzelnen Herrscher. Und auch, wenn es davor einen alleinigen Herrscher gab, dann war es dennoch keine direkte Staatsform, trotz alleinigem Herrscher war es keine Diktatur. Es gab also keine richtige Staatsform, auf die sich geeinigt beziehungsweise an die sich gewendet werden konnte. Hier wurde die Demokratie wichtig und der Stoizismus war ein Weg, diese weiter zu vertiefen und denjenigen eine Chance zu geben, die vorher nicht an eine Chance denken durften. Es war ein indirekter Weg, um die Massen zu besänftigen und das Miteinander in den verschiedenen Bereichen des Lebens zu festigen. Während die Demokratie damit eine einfache Staatsform war, die nicht direkt auf die Leben der Menschen angewandt werden konnte, half der Stoizismus dort, wo die Demokratie keine Reichweite mehr hatte. Es war ein passiver Weg mit sehr aktiven Folgen, was sich zu der heutigen aktiven Philosophie unterscheidet.

Dazu war es wichtig, dass die Griechen sich dem großen Ganzen annahmen. Die Welt wurde als ein einziges Sein angesehen und zudem waren die Bevölkerung und die Philosophen der Annahme, dass der Stoizismus perfekte Harmonie schaffen konnte. Da die Geschichte von Griechenland zuvor eine sehr kriegerische war, war der Gedanke an Harmonie neu und träumerisch. Dennoch war der Großteil der Bevölkerung fest davon überzeugt, und das mehrere Jahrhunderte. Dieser Gedanke entstand dadurch, dass der Stoizismus darauf beruhte, dass alle Aspekte im Leben eines Menschen vorbestimmt sind und dementsprechend auch alle negativen Eigenschaften oder Geschehnisse. Da alles bereits aufgezeichnet wurde, nicht von einem göttlichen Wesen, sondern vom Schicksal und vom Lauf der Geschichte, durfte sich ein Individuum von diesen Geschehnissen nicht aus der Fassung bringen lassen. Sie würden sowieso geschehen. Es brachte nichts, über ein solches Geschehen wütend zu werden, frustriert oder traurig. Stattdessen lehrte der Stoizismus den Umgang mit Neuanfängen. Wie konnte die Fassung behalten werden, auch wenn es zu Todesfällen kam oder zu Verlusten?

Die meisten waren der Annahme, dass es sich um Schicksal handelte, welches den Weg des Menschen prägte. Der Mensch konnte nichts gegen das Schicksal unternehmen. Negative Situationen geschahen daher, denn alles hatte eine Ursache, wobei diese Ursache sowohl positiven als auch negativen Ursprung sein könnte. Dennoch lehrte der Stoizismus, dass Ruhe und Gelassenheit auch im größten Sturm oder im Chaos gefunden werden konnte. Die Menschen mussten nur lernen, diese Gelassenheit zu erreichen.

Auch der Schmetterlingseffekt, welcher eine große Rolle in der heutigen Wissenschaft spielt, stammt vom Stoizismus ab. Auch die Philosophen der heutigen Zeit rätseln noch über die damit verbundenen Phänomene mit Hilfe der ersten philosophischen Traditionen, die sich im Stoizismus gebildet haben. Eine solche Erklärung würde allerdings in die Bereiche der Chaostheorie gehen und damit den Rahmen dieses Buches sprengen. Eine interessante Information ist es dennoch.

Zenon von Kition ging sicher, dass alle Menschen einen Zugang zum Stoizismus haben konnten. So begann er seine ersten Unterrichtstunden auf dem öffentlichen Platz der Agora, direkt in Athen. Dabei handelte es sich um einen großen Versammlungsplatz, welcher normalerweise für politische Versammlungen genutzt wurde. So wurden Heereszüge besprochen in Zeiten von Kriegen und Abstimmungen über Gerichtsbeschlüsse sowie Versammlungen bezüglich des allgemeinen Wohls wurden abgehalten. Das bedeutet, dass unter freiem Himmel unterrichtet wurde. Zenon der Jüngere entschied sich aktiv gegen ein Schulgebäude. Später sollte dies von Platon und auch Aristoteles bevorzugt werden, damit sich in privaten Kreisen getroffen werden konnte. Zenon von Kition allerdings wollte kein Auswahlverfahren und genau diese Entscheidung sorgte dafür, dass seine Lehren nicht in Vergessenheit gerieten. Auch nach seinem Tod behielt der Stoizismus an Wichtigkeit, während andere Schulen von anderen Philosophen nur so lange bestehen blieben, wie der Begründer dieser Schule am Leben war. Der Stoizismus überlebte mehr als 500 Jahre und dies geschah durch Zenons von Kitions Gutmütigkeit und dadurch, dass er nicht in Geschlecht oder Vermögen unterschied.

Dennoch wurde sehr schnell klar, dass nicht alle Menschen Zutritt zu der Agora hatten, sowohl Frauen als auch Sklaven blieb dieser verwehrt. Durchaus arme Jungen, die nicht in andere Schulen konnten, wurden hier beherbergt, doch das war nicht genug für Zenon von Kition. Deswegen hielt er bald seine Unterrichtsstunden im Garten des Epikur. Dort versammelten sich Sklaven und Frauen, doch auch hochwohlgeborene Männer traten die Reise aus dem Reichenviertel an. Der Fokus lag auf der Bewältigung des Alltages mit Hilfe der philosophischen Lehren. Frauen und Sklaven hatten es nicht einfach, weshalb viele in einem Trott untergingen und weder eigenen Hobbys noch Vorlieben nachgingen. Darauf wurde besonderer Wert gelegt.

Doch der Stoizismus sollte bald das erste Mal verloren gehen. Als sich das Christentum das erste Mal ausbreitete, übernahm es auch Griechenland. Die meisten Schriften des Stoizismus wurden verbrannt und 500 Jahre lang war das Praktizieren des Stoizismus verboten. Erst danach wurde es sich erneut getraut, im Geheimen darüber zu philosophieren.

Kurz nach dem Tod von Zenon von Kition war es Aristoteles, dem eine besondere Aufmerksamkeit zuteilwurde. Während der Stoizismus für die Praxis wichtig war, da die Lehren des Sokrates auf das persönliche Leben übertragen werden konnten, gingen Aristoteles Lehren auf den Ursprung der Philosophie zurück. Das bedeutete, dass seine Lehren sich um die Vernunfterkenntnis drehten und dementsprechend zurück auf die allgemeine Theorie der Philosophie gingen. Die Theorie der Philosophie wurde in einem vorherigen Kapitel besprochen und soll hier daher nicht erneut wiederholt werden.

Anstatt in der Praxis zu arbeiten, konzentrierten sich spätere Epochen erneut auf die Theorie. So wurde aktiv nach jeglicher Verständnis für alle Handlungen und vor allem Freiheit gesucht und es wurde nach der Einheit von materiellen Dingen gefragt.

DIE PHILOSOPHIE IM MITTELALTER

Während die Philosophie in der Antike noch recht einfach zu beschreiben war, wird es das erste Mal komplizierter. Der Stoizismus hat sich von allem Glauben abgewandt. Es war das Schicksal, welches das Leben der Menschen bestimmte, und nicht ein übernatürliches Wesen. Dennoch war der Glaube im antiken Griechenland erlaubt. Jeder durfte an das glauben, was er wollte. Es gab keine Einschränkungen und keine Diskriminierungen. Doch in den Bereichen der Philosophie ging es um keine Götter. Im Mittelalter, nachdem der Stoizismus verboten wurde, wurde die Philosophie vom Christentum beeinflusst. Es nahm die Oberhand im Mittelalter, so, wie dies bei vielen anderen Kulturen um dieselbe Zeit der Fall war. Insbesondere in Europa kam es zu verschiedenen Strömungen und Richtungen, welche zu Ende der Antike begannen und sich bis hin zu der Reformation im Mittelalter entwickelten. Das beinhaltet auch, dass die Philosophie des Mittelalters sich nicht mehr mit den alten Theorien der Antike vergleichen lässt, da sie stark durch das Christentum geprägt ist. Dennoch ist die klassische Philosophie mit ihren klassischen Theorien nicht aus dem Mittelalter wegzudenken.

Dabei ist es wichtig, zu erklären, dass die Philosophie sich ab diesem Zeitpunkt auf eine Synthese bezüglich des christlichen Glaubens beschränkt. Eine Synthese beschreibt zwei Elemente, die miteinander verlinkt werden. Die beiden Elemente stellen die Philosophie im Stadium der Antike und den religiösen Glauben dar. Dabei wurde hier explizit nicht der christliche Glauben beschrieben, sondern der allgemeine Glaube, denn innerhalb der mittelalterlichen Epoche gab es auch viele Denker, die dem Judentum oder dem Islam angehörig waren. Dementsprechend viele Schriften, die sich mit dem Glauben an sich und nicht direkt mit dem christlichen Glauben beschäftigen, haben sich angesammelt.

Dazu kommt, dass der Beginn und das Ende des Mittelalters niemals eindeutig definiert wurden. Früheste Dokumentationen, die über den Beginn des Mittelalters Aufschluss geben können, reichen zurück bis zum Ende des weströmischen Reiches, welches 476 nach Christus zerfiel. Zenon von Kition, Begründer des Stoizismus, der antiken Lebensphilosophie, wurde aber erst 300 vor Christus geboren. Dementsprechend wird das Mittelalter nicht durch die frühesten Dokumentationen definiert, sondern heute wird verallgemeinert, dass die Antike nach Ende der Spätantike begann und damit erst im sechsten Jahrhundert. Genauer genommen wird das Jahr 529 als Beginn des Mittelalters genannt, zumindest im europäischen Bereich. Diese Definition kommt von einem christlich-deutschen Philosophen, von Josef Pieper. Im 20. Jahrhundert belegte er seine wissenschaftliche These damit, dass die antike platonische Akademie genau 529 nach Christus geschlossen wurde. Damit gab es keine antiken Überlieferungen und Praktiken mehr. Stattdessen wurde im selben Jahr die Abtei Motecassimo geöffnet. Diese nahm eine benediktinischen Einfluss und keinen platonischen. Obwohl das Jahr also durchaus definiert ist, wird gesagt, dass das Mittelalter im philosophischen Sinne ab dem sechsten Jahrhundert begann.

So, wie der Beginn nicht definiert werden kann, ist dies mit dem Ende des Mittelalters dasselbe Prinzip. So soll das Mittelalter mit der Erfindung des Buchdrucks enden. Um 1450 soll damit die frühe Neuzeit eingeleitet werden. Manch andere begründen das Ende des Mittelalters mit der Entdeckung Amerikas im Jahr 1492. Auch die Reformation steht noch immer im Raum. Zu dieser kam es im Jahr 1517. Verallgemeinert wird daher gesagt, dass das Mittelalter von 600 nach Christus bis 1500 nach Christus reicht.

In dieser Zeit konnten sich zwei besondere Formen der Philosophie ausbilden, welche bis heute einen gewissen Einfluss haben. Es kam zu vielen anderen Formen und Richtungen, allerdings überdauerten diese nicht die Zeit und hatten nur wenige Anhänger. Die zwei großen Philosophieformen stellen die Patristik und die Scholastik dar.

Patristik

Die Patristik beschreibt ein Gebiet innerhalb der Theologiegeschichte. Tatsächlich gehört die Patristik in die Spätantike hinein, sie wird dennoch zum Mittelalter gezählt, da Anfang und Ende nie richtig definiert werden konnten. Da der Übergang als schwammig beschrieben werden kann, wird die Patristik allgemein als ein wesentlicher Teil der mittelalterlichen Philosophie betrachtet.

Die Patristik beschäftigt sich mit den Kirchenvätern. Als Kirchenvater wird ein christlicher Autor beschrieben, welcher innerhalb der ersten acht Jahrhunderte seine Werke veröffentlichte, die zum Verständnis des Christentums beigetragen haben. Die ersten acht Jahrhunderte waren wichtig für das Christentum, da es damals noch neu war. Nach der Jahrtausendwende und nach der Geburt und dem Tod von Jesus Christus entwickelte sich das Christentum in die Form, die wir heute kennen. In 1.200 Jahren, vom achten Jahrhundert nach Christus bis heute, hat sich nicht viel verändert.

Den Namen „Kirchenvater" zu tragen, ist eine besondere Ehre. Dieser Titel stellt im Christentum einen Ehrentitel innerhalb der ersten acht Jahrhunderte dar, deswegen bezieht sich die Patristik explizit auf diese acht Jahrhunderte.

Allgemein unterschieden werden muss zwischen der normalen Patristik und der Patrologie. Die Patrologie beschäftigt sich in ihrem Namen ausschließlich mit dem katholischen Glauben und dementsprechend auch mit den Schriften, die von dem katholischen Glauben handeln. Während die Patrologie ausschließlich katholisch ist, arbeitet die Patristik unvoreingenommen mit allen Aspekten des Christentums und vor allem mit allen Schriften, die sich mit der Theologie beschäftigen. Dementsprechend werden Schriften analysiert und behandelt, die sich mit Häretikern beschäftigen. Häretische

Schriften stellen einen starken Widerspruch in den Bereichen der Patristik dar, denn die Häretiker folgen ausschließlich nicht-kirchlichen Glaubenssätzen, auch wenn sie sich mit dem religiösen Glauben beschäftigen. Die Patristik beinhaltet daher die Analyse von Konzilsakten und liturgischen Texten, welche nicht zum Christentum passen.

Die Theologie selbst beschäftigt sich mit den ersten altchristlichen Glaubensbekenntnissen und mit allen Grundlagen jeglicher kirchlichen Lehren, die sich im ersten Jahrhundert zusammengeschlossen haben und die bis zum vierten Jahrhundert reichen. Dies kann auf die vier wichtigsten, lateinischen Kirchenväter zurückgeführt werden. Nicht nur zu ihrer Zeit galten sie als wichtige Autoritäten, sondern auch heute haben sie einen besonderen Wert für die heutigen Versuche der Patristik. Sie wahrten eine hohe Wichtigkeit und prägten das europäische Christentum in einem besonderen Ausmaß. So setzten sich die Kirchenväter mit den christlichen Lehren auseinander. Das war der Fall, da alle Aspekte beachtet wurden und daher auch Lehren und Schriften, die nicht zu dem Konsens der Kirche passten. Unter anderem geschah dies polemisch. Das bedeutet, dass in Form von Meinungsstreitereien gearbeitet wurde. Dadurch konnten die Lehren der christlichen Kirche genauer formuliert werden. Das hatte den positiven Effekt, dass sich der Konsens des Christentums besser von anderen Lehren abgrenzen ließ. Überschneidungen konnten vermieden werden, wodurch Regeln und Anforderungen besser durchgesetzt werden konnten.

Deswegen sind die Kirchenväter in den ersten 5 Jahrhunderten für die Bekämpfung von anderen Kulturen verantwortlich, da durch genau aufgestellte Anforderungen all jene Religionen und auch Philosophen ausfindig gemacht werden konnten, die nicht an das Christentum glaubten. Diese Auseinandersetzungen waren es, die das Christentum genauer beschrieben – und mit ihm zusammen alle kirchlichen Lehren.

Zur selben Zeit wurde die Dogmatik erschaffen. Sie stellte ein eigenständiges Lehrfach dar und das sowohl im katholischen als auch im evangelischen Unterricht. Sogar an theologischen Fakultäten wurde dieses Unterrichtsfach gelehrt. Die Dogmatik beschäftigte sich explizit mit der Auslegung des christlichen Glaubens.

Um diese Frage zu beantworten, wurde hauptsächlich mit der Bibel gearbeitet und argumentiert. Dazu zählten das Alte und das Neue Testament. Dies ist nicht mehr der Fall. Mittlerweile argumentiert die Patristik mit den Lehren und Schriften von nicht-christlichen Philosophen. Dabei wird mit Platon argumentiert, aber auch mit den Neoplatonikern. Diesbezüglich ist die Patristik für die Philosophie wichtig, da mit Überlieferungen aus der Antike gearbeitet wurde. Es wurde sich auf Werke von christlichen Philosophen bezogen, welche als verschollen, verloren oder zerstört gelten. Die eigentlichen Werke sind in der heutigen Zeit unzugänglich, doch durch die sehr genauen Dokumentationen innerhalb der Patristik kann auf die verlorenen Schriften zurückgegriffen werden. So konnte es in der heutigen Zeit zu einem ehrlichen und wirklichen Aufschluss über die Antike kommen, da die Patristik immer objektiv war. Die Kirchenväter haben sich sehr früh von ihrer eigenen Meinung befreit und objektiv auf die Werke von Philosophen geschaut.

So wurde ein besonderes Auge auf ein Werk von Platon gelegt. Der Dialog trägt den Namen „Timaios" und konnte durch die Kirchenväter aus dem Griechischen in die damalige Amtssprache übersetzt werden. In Latein war die Schrift besser zugänglich und für die Zukunft besser aufbewahrt. Das Dokument selbst existiert nicht mehr. Die Übersetzungen allerdings gaben wertvollen Einblick auf dieses für die Zukunft sehr wertvolle Schriftstück. Es kann wörtlich wiedergegeben werden, ohne Originaltext. Um die Wichtigkeit der Übersetzung darzustellen, kann gesagt werden, dass es genau dieses Schriftstück gebraucht hat, um in der heutigen Zeit die Lehren des Platon zu verstehen, welche beinahe 2.000 Jahre zurückliegen. So beschreibt der Dialog die zwei wichtigsten Faktoren, die den Kosmos im philosophischen Sinne geprägt haben: die Notwendigkeit und die Vernunft. Dabei sollte dieses Schriftstück eigentlich nicht übersetzt werden, denn es behandelte keine Religion und nichts, was für das Christentum in der damaligen Zeit relevant sein könnte. Die Kirchenväter übersetzten es dennoch, rein aus Gründen der Vollständigkeit. Unwissentlich ermöglichten sie späteren Generation das Verständnis über die Philosophie der Antike und einen besseren Blick auf die Theologie außerhalb von Religion.

Scholastik

Ähnlich wie die Patristik hat die Scholastik in der heutigen Zeit noch immer einen hohen Stellenwert. Im Gegensatz zur Patristik wird die Scholastik nicht als Analyse verwendet, sondern als simple Form der Beweisführung, denn durch die ausgeklügelten Methoden der Scholastik konnten Denkweisen nachvollzogen werden, die andernfalls verborgen geblieben wären. So konnten Schüler über mehrere Generationen hinweg die Lehren ihrer Lehrer nachvollziehen, doch nach einer gewissen Anzahl von Generationen wurde es dann deutlich schwieriger. So war es nicht geläufig, dass die eigenen Gedanken in der Zeit des Mittelalters ausgesprochen wurden, da das Aussprechen von nicht vorsichtig bedachten Worten zum Tod oder zu einer Folterstrafe führen konnte, und das galt sogar für Gelehrte und Philosophen.

Dennoch mussten Gedankengänge irgendwie nachvollzogen werden, da es so ansonsten zu keinem Lehrprozess kommen konnte. Dafür wurde ein Erbstück von Aristoteles verwendet. Der griechische Philosoph war dafür bekannt, rein logisch zu denken. So besteht die gesamte Philosophie aus Logik, da die Logik eine der Grunddisziplinen darstellt, doch das Arbeiten mit Emotionen und Gefühlen musste beispielsweise nicht immer logisch sein. Aristoteles hielt sich von diesen Bereichen fern und verfasste logisch aufgesetzte Schriften, die auch für die Nachwelt einfach zu lesen waren. Durch diese konnten im Mittelalter Verfahren geschaffen werden, die mit theoretischen Erwägungen arbeiteten. Dabei funktionierte die Methode so, dass zuerst von einem Prämiss ausgegangen werden musste, von einer Voraussetzung und einer Annahme. Diese musste mündlich wiedergegeben werden. Auch wenn es heute häufiger dazu kommt, dass die Gedanken einer anderen Person in den Verruf geraten oder voreilige Schlüsse gezogen werden, handelte das Mittelalter sehr präzise. Nur ein mündlicher Prämiss konnte in jeglicher Form mit Logik behandelt werden. Die unausgesprochenen Gedanken galten dagegen als nicht existent.

Bei der Scholastik handelt es sich damit um ein Mittel, mit welchem die Aussagefähigkeit eines Arguments bewertet und geprüft werden konnte. So mussten auch vor 1.200 Jahren Behauptungen untersucht werden, da dem gesprochenen Wort nicht einfach Glauben geschenkt werden konnte. Dabei wird schnell klar, dass das heutige Führen von Argumenten auf der mittelalterlichen Scholastik beruht. So wurde damals eingeführt, dass erst die Argumente angehört wurden, welche aktiv zur Verteidigung einer Situation gehörten, und danach die Argumente der Gegensprecher. Denn nur, wenn beide Seiten einer Münze in Betracht gezogen wurden, konnte eine Entscheidung über das Schicksal und damit über die Richtigkeit einer Aussage oder einer Behauptung getroffen werden.

Damit stellte die Scholastik im Mittelalter und noch heute eine simple Methode der Kontrolle dar, doch dies war nicht ihr einziger Nutzen. Stattdessen konnte die Scholastik auch verwendet werden, um Aussagen zu begründen, welche vor vielen Jahrhunderten getroffen wurden, immer dann, wenn kein Schriftstück die Gedanken des Philosophen begründen konnte. Dazu kommt, dass die Menschen im Mittelalter sehr gutgläubige Menschen waren, die nicht davon ausgingen, dass ein Mensch jemals lügen würde. Dementsprechend kam es dazu, dass Aussagen geglaubt wurden, ohne diese zu hinterfragen. Doch anstatt eine Aussage auf ihre Richtigkeit hin zu überprüfen, wird stattdessen geschaut, wie unsinnig sie scheint. So geschieht das Widerlegen einer Behauptung, wenn sie als unlogisch dargestellt werden kann, wenn es zu einer begrifflichen Unklarheit kommt oder wenn die Aussage nicht mit den evidenten Tatsachen zu vereinbaren ist.

Ähnlich wie bei der Patristik handelt es sich bei der Scholastik um einen sehr wichtigen Aspekt der Theologiegeschichte, denn in der scholastischen Literatur wird ausschließlich mit theologischen Fragen gearbeitet, allerdings ist die Scholastik nicht beschränkt. Während die Patristik sich ausschließlich mit der Theologie beschäftigt, gab es für die Scholastik keinen Rahmen. Vielmehr beschäftigte sie sich mit allen Themen, die in der Theologie enthalten sind, und eben nicht nur mit den eindeutigen, welche gerade in das Vorstellungsbild der Menschen hineinpassten. So umfasst die Scholastik die Theologie als großen Wissensbereich. Damit gehört die philosophische Richtung der Scholastik zu einer der Formen, die zu den antiken Traditionen der Philosophie passen, da die Philosophie immer nach der Erkenntnis von Wissen gestrebt hat. Genauso sieht es bei der Scholastik aus. Sie stellte die am weitesten verbreitete Beweisführungsstrategie dar, welche aufgrund ihrer Einfachheit sehr beliebt war. Dementsprechend ist es nur verständlich, dass sich die scholastische Argumentationsstrategie bis heute bewährt hat. So konnten Gerichtsfälle aktiv gelöst, aber auch Gedanken von einstigen Philosophen ähnlich der Form eines Sokratischen Dialoges nachvollzogen werden. Aussagen konnten für die Ewigkeit aufbewahrt werden, weshalb es den Philosophen der heutigen Zeit nach 2.000 Jahren immer noch möglich ist, die alten Traditionen zu verstehen und den Werdegang der Philosophie nachzuverfolgen.

Dennoch galt die Scholastik nicht ausschließlich der allgemeinen Beweisführung. Die Scholastik beschreibt zudem die namenlose Epoche innerhalb der Philosophie- und der Theologiegeschichte, in welcher die scholastische Methode hauptsächlich verwendet wurde und dementsprechend das Bildungswesen der Zukunft prägte. Unterteilt wird diese Epoche in drei verschiedene Bereiche: in die Frühscholastik, die Hochscholastik und die Spätscholastik. Allerdings kann es zu keiner chronologischen Abgrenzung kommen, da sich hier dasselbe Problem entwickelt hat, wie bei der zeitlichen Einteilung des Mittelalters: Die Grenzen sind unscharf und dazu niemals detailliert aufgeschrieben worden. Der Beginn des Mittelalters war einfach zu definieren, bei den einzelnen Epochen der Scholastik ist es das Gegenteil. Hier ist es der Beginn der Frühscholastik, welcher einige

Fragen aufwirft. Die verschiedenen Ansätze gehen auseinander und viele Philosophen der damaligen Zeit beziehungsweise auch der heutigen Zeit haben sich eine eigene Meinung gebildet. In den Bereichen der Forschung und nicht in den Bereichen der Philosophie wird im Allgemeinen von einer „Vorscholastik" und nicht von einer „Frühscholastik" gesprochen. Diese Vorscholastik beschreibt nicht das, was unter der philosophischen Beschreibung verstanden werden kann. Stattdessen beschreibt sie eine kleine Epoche im Frühmittelalter, in welcher es zu bedeutsamen Methodenlehren gekommen ist, die für die damalige Wissenschaft sehr wichtig waren, allerdings nicht für die Philosophie.

Unterteilt wird die scholastische Methode in die Argumentationsstruktur und in das sogenannte deduktive Prinzip. Im Gegensatz zu der „normalen" scholastischen Methode handelt es sich bei diesen Unterteilungen um eine weiterentwickelte Form aus den Grundzügen der antiken Dialektik. Anstatt lediglich die Argumentation vorzutragen, kommt es bei der weiterentwickelten Form zu einem Dialog. Es geht immer noch darum, eine Auffassung zu bekräftigen oder zu widerlegen und das so lange, bis einer Person die Argumente ausgehen oder bis jemand aufgibt; häufig kam ein solcher Dialog in Quaestationskommentaren und in Disputationen vor. Quaestionskommentare stellten wissenschaftliche Abhandlungen dar, welche rein literarischen Ursprungs waren. Zudem wurde ein Schema festgelegt, welches nur selten verändert wurde: Eine Argumentation muss immer auf einer vorangehenden Frage basieren.

Wichtig war dabei unter anderem, dass die Argumente immer logischen Ursprungs waren. Ansonsten würde es niemals zu einem Ende kommen, da nur noch mit unsinnigen Argumenten gearbeitet werden würde. Um genau festzustellen, ob es sich bei einer Argumentation um eine logische Argumentation handelt, müssen besagte Argumente aufgrund des aristotelischen Syllogismus strukturiert werden; dies ist ein Katalog mit logischen Schlüssen, an welche sich gewendet werden kann.

Das deduktive Prinzip steigert den Schwierigkeitsgrad. Für die Scholastiker war es typisch, auf eine Deduktion beziehungsweise auf das deduktive Prinzip zu vertrauen. So gehörte dieses Prinzip zu einer der zuverlässigsten Formen innerhalb von Schlussfolgerungen. Beinahe genauso ist es heute auch noch. Damals sowie heute bestanden diese Schlussfolgerungen auf reiner Logik und auf logischen Konsequenzen, die auftreten konnten. Die Deduktion wurde dazu verwendet, auf das Allgemeine zu schließen. Das bedeutet, dass angenommen wurde, dass perfekt ausgeführte Deduktionen jeden Zweifel an einer Erkenntnis einräumen könnten. Alle Zweifel konnten mit dieser Methode beseitigt werden. Durchaus ist dies heute immer noch der Fall, allerdings muss gesagt werden, dass Fehler immer auftreten können. Damals wurde daran nicht geglaubt. Eine Deduktion stellte den Schlüssel zu jeglicher Erkenntnis dar.

Zudem wird das Prinzip einer Deduktion heute nicht mehr häufig verwendet. Es wird als fehlerhaft betrachtet. Im Mittelalter hieß es, dass alle Grundsätze richtig waren, auch diese, die von Menschen aufgestellt wurden, welche nicht studiert hatten oder sich nicht mit Naturphänomenen auskannten. Aufgrund dieser Grundsätze, welche immer der Richtigkeit entsprangen, wurden Phänomene sowie Thesen erklärt. Es kam dazu, dass die Menschen im Mittelalter nicht über dieselben Kenntnisse verfügten wie die Wissenschaftler von heute. Die Menschen kannten sich noch nicht so gut mit den Gesetzen der Natur aus, weshalb nicht wenige der damaligen Grundsätze sich als falsch herausstellten, allerdings geschah dies in einer Zeit, als das deduktive Prinzip nicht mehr verwendet wurde, und dementsprechend viele Jahrhunderte nach der scholastischen Epoche.

Das oberste Gut stellte das theoretische Wissen dar. Es war für die Scholastiker unersetzlich. Zumindest damals stellte es das sicherste Wissen dar, da es aus allgemeinen Grundsätzen durch Logik abgeleitet wurde. Die Scholastik basierte rein auf theoretischem Wissen, was unter anderem bedeutet, dass die Scholastik heute nicht zu einer empirischen Wissenschaft zählt, wie dies bei vielen anderen philosophischen Richtungen der Fall ist, die sich im selben Zeitalter entwickelt haben. In einer empirischen Wissenschaft geht es um die Gewinnung von empirischen Daten, welche durch Experimente und Beobachtungen hergeleitet und anschließend analysiert werden. Nur durch das Beobachten und durch das Experimentieren können zielsichere Daten erstellt werden. Die Scholastiker waren der Annahme, dass diese Daten trügerisch seien. Das bedeutet, dass eine logische Schlussfolgerung immer irrtumsfrei sein musste. Mittlerweile ist dies nicht mehr der Fall. Heute wird sich auf Experimente und gesammelte Daten verlassen, da diese deutlich genauer sind als jede logische Schlussfolgerung eines Einzelnen.

Jegliche Phänomene, die die Scholastiker versuchten, zu deuten, mussten in Rahmenbedingungen hineinpassen. Doch das bedeutete, dass mithilfe der Scholastik keine aktiven Fragen beantwortet werden konnten. Es war ein Mittel zur Kontrolle und zur Dokumentation. Fragen, mit denen sich Philosophen normalerweise beschäftigten, konnten nicht durch die Scholastik beantwortet werden, da sie nicht in die aufgestellten Rahmenbedingungen hineinpassten. Es konnten nur Phänomene erklärt werden, welche in der von Menschen geschaffenen Welt Platz hatten, und dies oblag den Menschen selbst. Anstatt aktiv Fragen zu beantworten, wurde auf das Bewahren von Phänomenen gezählt. Deswegen entwickelte sich die Scholastik zur Physik und in Richtung der Astronomie.

Des Weiteren muss gesagt werden, dass nicht alle Phänomene in eine Kategorie hineinpassen. Manche Phänomene passen in mehrere Grundprinzipien hinein oder entsprechen den Grundsätzen, die den Grundprinzipien gleichermaßen entsprechen wie widersprechen. Nicht selten kam es vor, dass es vor vielen Jahrhunderten bezüglich der Naturphänomene die richtigen Ansätze gegeben hat, allerdings scheiterte es an der Weiterführung. Da die Phänomene in mehrere Prinzipien passten, wurden die Ansätze geändert. Dies kam daher, dass es zu einem Widerspruch in den Grundregeln kam, und diesen galt es, zu belegen. Gleichermaßen bedeutete dies, dass trugreiche Phänomene den richtigen Grundsätzen entsprechen konnten. Diese Phänomene wurden als wahre Phänomene betrachtet und blieben bis weit in unsere Zeit hinein bestehen.

Als Mittel der Dokumentation und der Beweisführung wird die Scholastik heute noch genutzt, wenn auch in abgeänderter Form und nicht mehr so häufig, wie dies früher der Fall war.

DIE PHILOSOPHIE DER RENAISSANCE

Der recht kurze Zeitraum von 1348 bis 1648 beschreibt im philosophischen Sinne die Renaissance. In dieser Zeitperiode ging es explizit darum, dass gezielt versucht wurde, Probleme aus dem Mittelalter zu lösen. Unter anderem gehört dazu die Reformation. Nicht mehr war das Philosophieren eine Möglichkeit, um vor Gericht auf ein Ergebnis zu kommen oder um in privaten Kreisen über die Phänomene der Welt zu philosophieren, sondern es bemächtigten sich auch Universitäten, Hochschulen und andere schulische Institutionen der Philosophie. Anstatt im Hinblick auf Religion zu arbeiten oder zu versuchen, neue Wege zu finden, ging es darum, wieder zurück zu den alten, antiken Traditionen zu gehen. Damit wurden Leistungen rezipiert und das nicht nur innerhalb der Philosophie, sondern auch innerhalb der Wissenschaft. Dazu kommt, dass ein hohes Maß an Kritik dem Mittelalter und den damit verbundenen Methoden entgegengebracht wurde. Dementsprechend entwickelte sich eine große Zahl von neuen Denkansätzen und Methodenentwürfen, welche noch eine Weile lang theoretisch bleiben sollten. Diese Denkansätze richten sich an die „neuzeitliche" Wissenschaft, auch wenn die „Philosophie der Neuzeit" ein anderes Gebiet ist und trotz der Namensgleichheit nichts damit zu tun hat. Dennoch stellte die Philosophie der Renaissance einen wichtigen Teil der geistigen Entwicklung in Europa dar, da viele der philosophischen Methodenentwürfe heute angewandt werden und auch die positiven Nachwirkungen der damaligen Gedankengänge sind noch immer aktiv zu spüren.

Erstmalig wurde vom sogenannten Subjekt gesprochen, wobei es hierbei nicht um literarische Grammatik geht. Stattdessen hat das philosophische Objekt in den bisherigen drei Epochen verschiedene Bedeutungen gehabt. Sowohl in der Antike als auch im Mittelalter beschrieb das Subjekt einen Begriff, der einen Gegenstand in der Philosophie bezeichnete. Ein Gegenstand ist dabei der Sachverhalt, welcher innerhalb der Philosophie angesprochen wird. Es handelt sich bei einem Gegenstand um eine Kernaussage. Dies war innerhalb der Antike und im Mittelalter der Fall. In den Zeiten der Renaissance veränderte sich das philosophische Objekt. Der Begriff strukturierte sich neu. Anstatt nur einen weiteren Begriff für eine Kernaussage darzustellen, beschreibt das Subjekt ein allein erkennendes Ich. Der Begriff hat sich mit der Zeit eingeschränkt. Dadurch konnte der Dualismus entstehen.

Der Dualismus beschreibt das Prinzip von zwei Welten: eine innere Welt und eine äußere Welt. Bei der inneren Welt geht es dabei um den Geist und die Seele, die äußere Welt behandelt den allgemeinen materiellen Wert und den physikalischen Körper. Da das Subjekt das menschliche Ich beschreibt, kann dies weiter eingeschränkt werden, auf den menschlichen Geist und die Seele in einem philosophischen Sinne. Dabei beschreibt es das Bewusstsein des Menschen. Dieses ist mit einer sogenannten „Reflexion des eigenen Erkenntnisvermögens" ausgestattet.

Die Philosophie der Renaissance hat sich von dem allgemeinen philosophischen Gegenstand abgewandt. Vielmehr stellt es ein sogenanntes „hintergehbares" Prinzip dar, welches den Grundsätzen des Philosophierens zugrunde liegt und verändert werden kann beziehungsweise für jeden Menschen anders ist. Gleichgültig ist es auch, ob ein denkendes Geisteswesen innerhalb der geistigen Metaphysik gemeint ist oder aber ob es vielmehr als ein kommunizierendes Sozialwesen beschrieben wird. Auch in der politischen Philosophie kann es zu einem Subjekt kommen. In der Politikphilosophie wird das Subjekt als „der Herr des eigenen Schicksals" betrachtet. Auch die Ethik hat eine eigene Begriffserklärung. Die Ethik und damit die Nächstenliebe und das Verständnis gegenüber anderen Personen beschreibt ein einschätzendes Wesen, welches mit Meinung und Vorlieben nach eigenem Ermessen Entscheidungen treffen kann. All diese Unterscheidungen beinhalten, dass es nicht mehr nur noch die

Philosophie gab, sondern dass in Disziplinen unterteilt wurde. Allerdings gab es in der Renaissance noch nicht so viele Disziplinen, wie dies heute der Fall ist – zumal diese Disziplinen damals einen anderen Namen hatten: Sie wurden „Karriere" genannt.

Das Mittelalter empfand die Philosophie als eine Universalwissenschaft. So wurde nur langsam verstanden, dass die Philosophie noch mehr ist. Die einzelnen Disziplinen prägten sich über die Zeit hinweg immer stärker aus. Die Philosophie war nicht mehr nur noch eine einzige Wissenschaft. Bevor die Philosophie und die Wissenschaft separat getrennt werden, dauert es allerdings noch einige Jahrhunderte. In der Renaissance stellte die Philosophie noch immer eine Wissenschaft dar, war aber nicht mehr nur noch eine einzige Wissenschaft, sondern sie wurde in Einzelwissenschaften unterteilt. Es entstanden die Geisteswissenschaften, die Literaturwissenschaften und die Naturwissenschaften. Auch kam es zu weiteren methodischen Verfahren, welche noch immer als Ziel hatten, dass die Spätantike nicht verloren ging. Dementsprechend ging es darum, dass Wissen erschafft und Informationen gesammelt wurden, wenn auch noch nicht direkt in der Praxis, sondern rein in der Theorie, ohne Experimente oder dem Erfassen von empirischen Daten durch Beobachtungen.

DIE PHILOSOPHIE DER NEUZEIT

Da weder das Mittelalter noch die Renaissance zeitlich detailliert genug definiert werden konnten, beginnt die frühe Neuzeit um 1400 nach Christus, auch wenn dieses Jahrhundert noch im Mittelalter liegt und danach zunächst die Renaissance kommt. Dies rührt daher, dass die sogenannte „frühe Neuzeit" durch verschiedene historische Ereignisse geprägt wurde. Dazu gehört die Renaissance, welche kurz nach Beginn der frühen Neuzeit anfängt, der Barock, die Aufklärung gemeinsam mit dem Humanismus und der Absolutismus. Auch wenn die Zeit der Renaissance für die Neuzeit prägend war, wurde sie dennoch in diesem Buch separat beschrieben, da die Zeit der Renaissance nicht nur auf die Neuzeit einen Einfluss hatte, sondern auch im Hinblick auf die Antike und das Mittelalter. Sie stellt einen großen Teilbereich dar, mit welchem ein neues Zeitalter begann, in dem es zu einem naturwissenschaftlichen Weltbild kam und nicht mehr nur noch zu einen metaphysischen Weltbild, mit welchem entweder an das Schicksal oder an ein göttliches Wesen geglaubt wurde.

Geprägt wurde dieses naturwissenschaftliche Weltbild durch Galileo Galilei und durch Nicolaus Copernicus. So entstanden die ersten mathematischen Methoden. Es kam zu den Methoden der Geometrie und auch die Analysis wurde das erste Mal angewandt. Es veränderte sich auch politisch nicht wenig. Es kam zu der französischen Revolution im 18. Jahrhundert und in Deutschland kam es zu der Aufklärung, wie in vielen anderen Ländern Europas.

Die Philosophie der Neuzeit befasst sich mit einem großen zeitlichen Abschnitt und umfasst viele Jahrhunderte, welche schnelllebig waren. Vom 17. Jahrhundert bis hin zum 20. Jahrhundert veränderten sich grundlegende Prinzipien, weshalb jedes Jahrhundert in den folgenden Abschnitten einzeln beschrieben werden soll.

Das 17. Jahrhundert

Direkt im 17. Jahrhundert entstand das wissenschaftliche Weltbild. So entwickelte sich der Empirismus, welcher das Erfassen von empirischen Daten beschreibt, und der Rationalismus, fernab von jeglichen Glaubenssätzen.

Der Empirismus stellt eine Richtung dar, in welcher erkenntnistheoretisch gearbeitet wird. Damals konzentrierte er sich auf die Sinneserfahrungen, mit welchen Erkenntnisse aufgefasst und verarbeitet werden konnten. Mittlerweile handelt es sich beim Empirismus um eine Wissenschaft, welche sich von der Philosophie unterscheidet. Damals handelte es sich allerdings nur um die ersten Ansätze. Das erste Mal in der philosophischen Geschichte ging es um das genaue Beobachten und um das Experimentieren. Es ging darum, neue Dinge auszuprobieren und dabei zu scheitern. Nur durch Versuche konnte es zu optimalen Erkenntnissen kommen und wenn etwas mehrere Versuche braucht, dann konnte es auch jederzeit zu Fehlern kommen.

Der Schwerpunkt lag auf der menschlichen, sinnlichen Wahrnehmung. Die Kernaussage bestand darin, dass die Naturgesetze sich nach der Wahrnehmung des Menschen verändern und die Sinneswahrnehmung daher absolut war.

Rationalismus und Empirismus standen im Widerstreit zueinander. Heute arbeiten diese beiden wissenschaftlichen Formen eng miteinander zusammen, doch damals beruhte der Rationalismus darauf, dass nicht ohne einen philosophischen Gegenstand gearbeitet werden konnte. Es brauchte immer eine vernünftige Schlussfolgerung innerhalb der Welterklärung. Das beinhaltete, dass es bei einer Forschung immer einen philosophischen Hintergrund geben musste.

Der Rationalismus beruhte immer auf der von Menschen festgelegten Logik. Der Empirismus dagegen hat sich auf das Widerlegen und Belegen von Hypothesen und von Aussagen spezialisiert. Die beiden Formen unterschieden sich stark voneinander, da der Empirismus Aussagen untersuchte, welche nicht auf den ersten Blick vernünftig oder gar logisch klangen. Manche Aussagen bewahrheiteten sich, auch wenn der Mensch besagte Aussage nicht verstehen konnte. Die Gesetze der Natur waren für die Menschen damals zu komplex, weshalb der Empirismus nicht innerhalb der Philosophie blieb, sondern ein eigenständiger Teil der allgemeinen Wissenschaft wurde, wo eine Grunddisziplin nicht die Logik darstellte.

Auch wenn diese beiden Richtungen unterschiedlich sind, gab es eine Mischung aus beiden. Diese Richtung wird der erkenntnistheoretische Rationalismus genannt. Mit dem erkenntnistheoretischen Rationalismus konnten Elemente verbunden werden, die sowohl aus dem Empirismus stammen als auch aus dem Rationalismus. Speziell wurde nach elementaren Grundsätzen gefragt, welche sich auf dem Grundsatz der menschlichen Moral aufbauten.

Speziell im Rationalismus kam es unter anderem zum Okkasionalismus. Hierbei handelt es sich um die Lehre der Gelegenheitsursachen, welche auf keine Voreigenschaften zurückzuführen sind und daher rein durch Zufall geschehen. Der Okkasionalismus beschreibt das philosophische Zufallsprinzip. Er stellte eine dualistische Antwort auf das sogenannte Leib-Seele-Problem dar. Dieses Problem ist eines der ältesten Probleme, mit denen sich die Philosophie jemals beschäftigt hat. Auch heute wird noch versucht, dieses Rätsel zu lösen, wenn auch nicht mehr so stark wie früher.

Im 17. Jahrhundert wurde sich allerdings sehr stark damit beschäftigt, da es weder zu einer ausgeprägten Wissenschaft gekommen ist noch zu vertretbaren Formen der Medizin. Deshalb ist der Okkasionalismus heute nicht mehr sonderlich vertreten, da es nun ausgeprägte Formen der Medizin und der Psychologie gibt, die eine bessere Antwort darstellen als die dualistische Antwort des Okkasionalismus. Heute kann sie nicht mehr begründet werden.

Dennoch beschreibt der Okkasionalismus zwei interessante Thesen, und zwar geht es darum, dass weder der Geist noch der Körper einen Einfluss aufeinander haben und dass die Zwischenstände zwischen dem Geist und dem Körper nur von einem Gott definiert und vermittelt werden können. Bei diesem Gott handelt es sich um den christlichen Gott. Dies beruht darauf, dass es vor dem 17. Jahrhundert, in den Zeiten der Renaissance, in Bezug auf den christlichen Glauben eine Pause gegeben hat. Er hatte in den Leben der Menschen noch immer eine gewisse Wichtigkeit, doch der Glaube hatte keine zentrale Bedeutung. Im 17. Jahrhundert blühte das Christentum erneut auf, weshalb sich der Okkasionalismus wieder mit dem Glauben beschäftigte und das erste Mal versuchte, die Gedanken der Menschen zu analysieren. Später sollte daraus die Psychologie werden.

Den Hauptvertreter des Okkasionalismus stellte Nicolas Malebranche dar. Dieser war fester Überzeugung, dass jegliche Zustände der Gedanken lediglich immaterieller Natur sind. Sie hätten damit laut Malebranche keinen Einfluss auf den Körper oder den Zustand des Körpers. Mittlerweile wurde dies widerlegt, da gewisse Geisteszustände durchaus körperliche Krankheiten hervorrufen können. Damals wurde davon ausgegangen, dass die Gedanken eines Menschen auf einem Frage-Antwort-System beruhen. Wenn der Geist nach Essen fragt, dann antwortet der Körper mit einer Nahrungsaufnahme. Dies wurde nicht auf neuronale Signale zurückgeführt, es hatte keinen medizinischen Hintergrund, sondern die Okkasionalisten des 17. Jahrhunderts waren der festen Überzeugung, dass der Reflex, zu essen, kein Reflex war, sondern die Antwort des christlichen Gottes. Wenn die Gedanken nach Essen fragen, dann wird diese Frage nicht an den Körper geschickt, welcher eigenständig mit der Nahrungsaufnahme beginnt, sondern vielmehr wird diese Frage an einen Gott weitergeleitet, welcher den Körper zu einer Nahrungsaufnahme bewegt. Somit gingen die Okkasionalisten davon aus, dass der Mensch niemals eine Handlungsfreiheit hätte. Jegliches Handeln sei von dem christlichen Gott vorbestimmt und geleitet.

Dies brachte einige negative Nebenwirkungen mit sich. Unter anderem ließen sich auf diese Weise Strafen umgehen. Vor einem Gericht konnte auf Unschuld plädiert werden, indem als Verteidigung die Aussage genannt wurde, dass der Körper während der Straftat von Gott geleitet wurde, dass der Mensch keine Freiheit hatte und nichts dagegen tun konnte, auch wenn er es gewollt hätte. Der christliche Gott würde zu Taten verleiten und vor Gericht konnte dies sogar als logisches Argument verwendet werden, da Richtig und Falsch unter Göttern eine andere Definition hatten.

Neben dem Empirismus und dem Rationalismus, welcher auch den Okkasionalismus beinhaltet, bewegte sich auch die Politik in verschiedene Richtungen. So kam es in Frankreich zur Französischen Revolution und in Deutschland zur Aufklärung. Dabei unterschieden sich die Zustände in Deutschland und in Frankreich. So konnte in Frankreich von einer rationalistisch gesteuerten Emanzipationsbewegung gesprochen werden, welche sich innerhalb des Bürgertums bewegte. Zu einer solchen bürgertümlichen Bewegung kam es durch den Humanismus, welcher an besonderer Popularität gewann. Der Humanismus forderte die Gleichberechtigung zwischen arm und reich. Zu einer Gleichberechtigungsforderung zwischen Geschlechtern sollte es erst deutlich später kommen, doch die Zustände in Frankreich waren zu dem damaligen Zeitpunkt so dramatisch, dass es zur Französischen Revolution kam. Da die Menschen hungerten, während die Könige keinen Nahrungsmangel hatten, war es verständlich, dass es zu einer Reformation kam und zu einer sogenannten rationalistischen Philosophie. Sehr schnell wurden sich die Menschen bewusst, dass es nicht der christliche Gott war, welcher über arm und reich entschied, sondern es war das kaputte Politiksystem. Der Okkasionalismus verschwand daher schnell wieder von der Bildfläche.

Dazu kam, dass die Aufklärung eine besondere Kritik am Gottesgnadentum äußerte. Damit stand die Alleinherrschaft der Monarchen unter starker Kritik. Auch die Steuern waren hoch, welche der alleinherrschende Monarch eintrieb. Daher kam es zu einer Emanzipationsbewegung, welche das simple Menschenrecht forderte. Dies stand im Gegenteil zum christlichen Glauben und insbesondere zur Position der Kirche. Diese ging davon aus, dass nur der christliche Gott das Privileg hätte, keinen Hunger zu erleiden. Dies zählte auch für den Monarchen. Der Bürgerkrieg stellte eine unvermeidliche Bewegung dar, woraufhin es zu einer Wiederherstellung von „unverformten, natürlichen Lebensweisen" kam, nachdem die alleinige Monarchen-Herrschaft in Frankreich abgeschafft wurde. Diese natürlichen Lebensweisen konnten nicht durch die Kirche oder durch Gewaltenteilungen geprägt werden. Sie standen allein und waren niemandem außer sich selbst unterstellt. Daher war es in Zukunft unmöglich, dass ein Monarch jemals wieder alleine herrschen könnte. Es entstand eine Demokratie. Das beinhaltete die Entstehung eines Gesellschaftsvertrages und vieler Verfassungen, die genau beschrieben, was das Recht eines Menschen ausmachte. Die ersten Verfassungen der Neuzeit wurden in Frankreich zum Ende des 17. Jahrhunderts niedergeschrieben.

Das Verlangen nach Menschenrechten, egal, ob arm oder reich, stellt einen Teil der Philosophie dar. Die Französische Revolution beziehungsweise die Aufklärung in Frankreich war eine politische Bewegung, doch letztendlich kam es durch die Philosophie zu einem Bürgerkrieg, welcher positiv im Sinne der Philosophie verlief.

In Deutschland verlief die Aufklärung beinahe zum selben Zeitpunkt eher gesittet. Es brauchte weder einen Bürgerkrieg noch radikale Veränderungen innerhalb der Politik oder der Religion. Stattdessen kam es zu einer natürlichen Bewegung: dem deutschen Dualismus. Dieser unterschied sich vom normalen Dualismus der Renaissance insofern, als dass der Schwerpunkt hierbei auf der Politik lag anstatt auf der Philosophie. Deutschland strebte hauptsächlich nach Freiheit. Philosophisch betrachtet kann dies durch verschiedene Faktoren erreicht werden und ist daher nicht nur auf eine Richtung fokussiert.

In Deutschland verlief das 17. Jahrhundert dementsprechend langsam.

Das 18. Jahrhundert

Die ersten Ansätze hat die Philosophie in der frühen Antike. So wurde in diesem Buch bereits erklärt, wie der Stoizismus das Leben der Menschen veränderte. Die ersten Gedanken der Philosophie entstanden allerdings viel früher. Die Menschen empfanden bereits Schönheit und präferierten gewisse Schönheitsbilder gegenüber anderen weit vor den ersten Kriegen und den ersten Aufzeichnungen der Philosophie. Daraus entstand die Philosophie des Schönen. Erst im 18. Jahrhundert bekam sie ihren Namen, als Dichter und Künstler ihre Werke veröffentlichten und einige der größten Künstler aller Zeiten geboren wurden. Die Philosophie des Schönen beschreibt nicht nur das Erfreuen an gewissen Schönheitsbildern, sondern die Philosophie des Schönen kann zur Dokumentation von Beweisen und vor allem Gedanken verwendet werden, schließlich bezieht sich diese Form der Philosophie auch auf den Literaturbereich.

Und dies nicht zu knapp: Noch nie zuvor war die Philosophie im Literaturbereich so populär. Deswegen wird das 18. Jahrhundert unter Fachleuten auch „siécle philosophique" genannt, was sich in „das philosophische Jahrhundert" übersetzen lässt.

Die Literatur war für das damalige Zeitalter wichtig, da es als ein Medium der Aufklärung dienen sollte, und es konnten Darstellungen allgemein verständlich gemacht werden. Es wurde mit abstrakten Elementen und Einsichten gearbeitet, welche einen esoterischen Diskurs in einen exoterischen Diskurs verwandelten. Dies geschah nicht nur mithilfe von Lehrgedichten, sondern es wurde explizit didaktisch gearbeitet. Das bedeutet, dass öffentliche Kritik geäußert wurde. Zudem fokussierte sich die philosophische Literatur auf Dramen und Erzähltexte; auf Vorstellungen im Theater. Dabei wurde sich nicht nur auf die deutsche Literatur fokussiert, auf deutsche Dichter und Künstler, sondern eine besondere Popularität genoss die englische und französische Literatur, doch auch die Kunst der römisch-griechischen Antike.

Wichtig für das 8. Jahrhundert war der Philosoph Immanuel Kant, welcher zwischen 1724 und 1804 viele seiner Werke veröffentlichte; in jungen Jahren sowie in alten. Bis heute gilt er als einer der wichtigsten Philosophen, die während der Zeit der deutschen Aufklärung gelebt haben. Eines seiner bedeutendsten Werke, wenn nicht sogar das bedeutendste Werk, ist die „Kritik der reinen Vernunft". Kant veröffentlichte dieses Werk 1781, womit er gleichzeitig die kopernikanische Wende herbeiführte.

Innerhalb des Werkes bezog sich Kant auf die Schlussfolgerung, dass die Zustände der Welt keine Folgen für das Wissen der Menschen hätten. Stattdessen sei es das Subjekt, mit welchem Wissen erlangt werden kann. Laut Kant kann dies an dem Beispiel der Zeit beschrieben werden. So erlebt der Mensch sowohl Raum als auch Zeit, doch innerhalb der Außenwelt existiert keine Zeit und kein Raum. Es sind nichts weiter als von Menschen geschaffene Konzepte zur Bewältigung des Alltages. Es ist lediglich eine Form der Anschauung. Dies kommt daher, dass der Mensch die Außenwelt aufgrund seiner mentalen Kapazität betrachtet. Betrachtet werden die eigenen geistigen Fähigkeiten und die Strukturen, die der Kopf kennt und verarbeiten kann. Im Laufe der Zeit wurden sich diese Strukturen angeeignet. Es sind Gewöhnungsstrukturen; Formen, an die sich der Mensch im Laufe der Zeit gewöhnt hat und die er kennt beziehungsweise denen er vertraut.

Gleichzeitig wird damit die Tatsache beschrieben, dass der Mensch niemals objektiv denken könnte beziehungsweise dass es keinen Gott geben kann, auch wenn die Menschen stark an einen Gott oder eine Gottheit glauben. Da nicht objektiv gedacht werden kann, wird es Vorurteile geben, wobei dies nicht daher rührt, dass der Mensch Vorurteile haben möchte, sondern es liegt daran, dass jeder einzelne Mensch die Außenwelt individuell wahrnimmt. Laut Kants Worten kann somit keine objektive Einstellung erreicht werden, da die Wahrnehmung eines anderen Menschen niemals verstanden werden könnte.

Da dieses Konzept ein neues war, mussten sich Immanuel Kants Worte großer Kritik unterziehen. In dieser Kritik ging es darum, dass sich seine Worte gegen jegliche Prinzipien der Erkenntnis und der Wissenschaft stellen würden. Diese Kritik kam daher, dass nicht jeder seine Worte so verstand, wie Kant sie auch meinte. Dazu muss gesagt werden, dass seine Werke niemals sonderlich einfach geschrieben waren und stattdessen größtenteils an Kollegen und andere Studierte gerichtet waren. Seine Worte bezogen sich auf die Wirklichkeit, welche für den Menschen eine wahrgenommene Wirklichkeit darstellt und keine wahrhaftige Wirklichkeit. Die wahrgenommene Wirklichkeit kann vom Mensch geformt werden, während die wahrhaftige Wirklichkeit sich nicht durch die Gedanken eines Menschen veränderten. Laut Kant konnte allgemeines Wissen nur an Orten gefunden werden, wo es nicht nur die Vernunft und die Logik gibt, sondern auch, wo die Vernunft zusammenspielt mit der Sinneswahrnehmung eines Menschen.

Das bedeutete, dass es unter Kants Vorstellungen keine Metaphysik und auch keine Theologie geben konnte. Jegliche Existenz einer übernatürlichen Macht wurde verneint. Auch konnte es nicht die Unsterblichkeit einer Seele geben und das Leib-Seele-Problem wäre kein Problem, da nicht zur Debatte stand, dass es eine Seele gab; ein Medium, welches nach dem Tod des Menschen auf einer anderen Himmelssphäre weiterlebt. Die Erläuterungen diesbezüglich waren einleuchtend; einem übernatürlichen Wesen oder gar der eigenen

Seele würde es nach Verlassen des Körpers an Sinneswahrnehmungen fehlen und diese seien es, die den Menschen ausmachen und durch die Wissen erlangt werden kann. Laut ihm konnte es keine Götter geben, dennoch wies er nicht den Glauben der Menschen zurück. Der Mensch sollte daran glauben, woran er wollte, doch dass philosophische Erkenntnisse auf einer Frage des Glaubens beruhen würden, verneinte er.

Aufgrund dieser Theorien und Gedankengänge äußerte Kant Fragwürdigkeit an der Autorität der Religion und an der Wichtigkeit der Kirche. Anstatt einen Gott oder die Kirche selbst als das höchste Gut zu betrachten, war es seiner Meinung nach die allgemeine Vernunft, welche als höchstes Gut gewertet werden sollte. Zu diesen Gedanken veröffentlichte er nicht wenige Werke, doch zwei der wichtigsten Schriften stellen die „Grundlegung zur Metaphysik der Sitten" und auch die „Kritik der praktischen Vernunft" dar. Aufgrund dieser Werke entwickelte er den „Kategorischen Imperativ". Dabei ging es darum, dass jegliches moralisches Handeln auf der Verallgemeinerbarkeit eines Grundsatzes beruhen sollte: „Handle nur nach derjenigen Maxime, durch die du zugleich wollen kannst, dass sie ein allgemeines Gesetz werde". Es sollte sich nicht an einen Gott oder die Kirche gerichtet werden, wenn es um die Frage von „Gut" und „Schlecht" ging. Stattdessen war es an jedem einzelnen Menschen, das eigene moralische Handeln zu bewerten, indem sich derjenige vorstellt, ob er das gleiche Handeln bei einer anderen Person gutheißen würde. Nur so konnte ein Grundsatz als legitim dargestellt werden. Das bedeutete, dass es keine persönlichen Neigungen und keine Gefühle oder Vorlieben geben durfte, genauso wenig wie ethische Entscheidungen. Auch Konsequenzen stellten laut Kant keine große Bedeutung dar. Er begründete seine Worte damit, dass sich der

Mensch über jegliche Konsequenzen, die auftreten könnten, bewusst sei. Der Mensch sei ein gedanklich sehr weit entwickeltes Wesen, welches nicht auf Unwissenheit plädieren könne. Wenn keine Gefühle zählten, keine Vorlieben oder Neigungen und auch nicht die auftretenden Konsequenzen, dann musste es der gute Wille sein, welcher hinter dem Handeln und den persönlichen Taten eines Menschen stehen musste. Der Kategorische Imperativ bezog sich auf die guten Absichten einer Person und damit auf die Freiheit eines Menschen. Nur der, der diesem Katalog folgen würde und hinter jeglichen Absichten nur den guten Willen hatte, der würde frei und autonom sein können.

Kants Ideale hatten in den verschiedensten Ländern Auswirkungen, doch am meisten in seinem Geburtsland: in Deutschland. Seine Philosophie sollte der Grundsatz des deutschen Idealismus werden und das gerade einmal 100 bis 200 Jahre nach seiner Zeit. Die größten Bezugspunkte in der modernen, akademischen Philosophie stellen dabei seine Vorstellung bezüglich der Autonomie und Freiheit eines Menschen dar, aber auch die Eigenschaften und die Auslegung der Menschenwürde.

Das 19. Jahrhundert

Der Höhepunkt der Philosophie in Deutschland kam im 19. Jahrhundert. So entwickelte sich der Idealismus, die philosophische Bedeutung der Romantik, der Materialismus in Bezug auf Karl Marx und der Positivismus. Es kam zur Lebensphilosophie und dem dazugehörigen Pragmatismus. Erstmals kam es zu direkten Differenzierungen; die Philosophie stellte damit mehr einen zusammenfassenden Oberbegriff dar als eine direkte Richtung.

Die Epoche des 19. Jahrhunderts wird auch als Periode nach der Philosophie Immanuel Kants bezeichnet. In den nächsten 100 Jahren setzten sich alle Philosophen mindestens einmal mit seinen Werken auseinander und viele dieser Philosophen befürworteten ihn entweder kraftvoll oder kritisierten seine Aussagen mit ganzem Herzen. Es gibt nur wenige überlieferte Fälle, die sich nicht auf seine Werke fokussierten und einen anderen, individuellen Weg einschlugen.

Das 19. Jahrhundert wird in zwei Hälften aufgeteilt. Die ersten 50 Jahre wendeten sich der Verbesserung von Kants Lehren zu. Viele nachfolgende Philosophen versuchten, seine Worte zu korrigieren und seine Philosophie zu verbessern beziehungsweise über Kants erste Worte hinauszuwachsen. Die Philosophen der damaligen Zeit hatten nicht viel Glück dabei. Stattdessen gingen sie mit der Verbesserung von Immanuel Kants Worten zu einer vorkantischen Zeit zurück. Dennoch waren die Einflüsse seiner Werke und seiner Lehren noch immer zu spüren, doch von seinen aktiven Worten blieb nur wenig übrig.

In denselben 50 Jahren entwickelten sich die Rationalisten, welche sich in zwei Gruppen spalteten. So entwickelten sich die Romantiker und die Idealisten. Die Romantiker stellen dabei die Philosophen dar, welche sich auf die Gebiete der Literatur spezialisierten; auf die Kunst, die Musik und auf die in der Literatur heimische Romantik. Gleichzeitig fokussierten sie sich auf verschiedene wissenschaftliche Gebiete, wie die Gebiete der Medizin, der Naturwissenschaften und der Theologie in Bezug auf die bisherige historische Geschichte. Das bedeutete, dass sie sich von der klassischen Form der Philosophie abwandten und stattdessen die romantischen Worte der Literatur mit Freiheit verbanden. Die Idealisten auf der anderen

Seite konzentrierten sich auf die Erkenntnistheorie; darauf, dass die Wirklichkeit durch das Denken eines Menschen bestimmt werden würde, und dies durchaus radikal. Damit gingen die Idealisten auf die Philosophie des vorherigen Jahrhunderts zurück und trugen die recht neuen Traditionen weiter. So würde die Wirklichkeit aus Immanuel Kants Worten bestehen, aus Wissen, Ideellen und Ideen und aus der Moral. Die physikalische Welt, die die Menschen von damals kannten, sollte auf den Zeichen des Idealismus beruhen und daher ein Objekt bezeichnen, welches im Bewusstsein der Menschen entstanden ist und dort weiterhin existiert. Die äußerliche Welt sei aus der geistigen Kraft eines Menschen entstanden.

Obwohl sich beide Seiten stark voneinander unterschieden und in andere Richtungen gingen, hatten sie ein vereinendes Ziel: Sie versuchten, mit ihren eigenen Wegen die Reflexionsphilosophie hinter sich zu lassen, da diese nicht erlaubte, dass die Dialektik durch das Sein und Werden von einem Menschen erfasst werden konnte.

Zudem kam es im 19. Jahrhundert zu einem wichtigen Fortschritt: Der Empirismus trug eine besondere Bedeutung. Auf der empirischen Wissenschaftstheorie entwickelten sich die Materialisten und die Positivisten, welche nur eine kurze Zeit innerhalb der Philosophie bleiben sollten. Beide Richtungen bezeugten eine Wissenschaftsorientierung, schließlich konnten sie als Nachfolger des Empirismus eingestuft werden. Sie unterstützten Thesen, welche sich in den letzten Jahrhunderten in den Bereichen der damaligen Naturwissenschaften gebildet haben. Nicht selten setzten sich diese Thesen dabei von den Erfolgen und Grundsätzen der idealistischen Naturphilosophie ab.

Bei all diesen vielen Richtungen kam es dann dazu, dass in den ersten 50 Jahren des 19. Jahrhunderts die eigentliche Philosophie etwas verloren ging. Es gab weiterhin eigenständige Denker, welche ihre Konzentration ausschließlich auf die klassische Philosophie mit all ihren Traditionen richteten, allerdings konnten diese Gedanken keiner Grundposition zugeteilt werden. Auch wenn sie sich auf die klassische Philosophie konzentrierten, entstanden ihre Gedanken aufgrund von Umbrüchen im Inneren der Gesellschaft und fehlender Orientierung. Obwohl die alten Traditionen bewahrt wurden, haben diese eigenständigen Denker nicht selten die Grenzen zur Vernunft verloren; dies legten zumindest Überlieferungen nahe.

Die zweite Hälfte des 19. Jahrhunderts konzentrierte sich darauf, zurück zur eigentlichen Philosophie zu finden, nachdem die vermeintlichen Philosophen bemerkten, dass sie in den ersten 50 Jahren die Philosophie ein gutes Stück weit verloren hatten. Deswegen entwickelten sich die Lebensphilosophie, die geisteswissenschaftliche Philosophie und der Psychologismus. Es entstanden neue Positionen, die auf modernen Ansichten beruhten und zu den heutigen Idealen passen. Des Weiteren wurde persönlichkeitsbezogen gearbeitet. Dies war eine Neuheit, da vorher davon ausgegangen wurde, dass jeder Mensch gleich ist, dass jeder Mensch die gleichen Gedanken denken würde und dass eine einzelne Philosophierichtung auf alle Menschen passen würde.

In den ersten 50 Jahren wurde dementsprechend versucht, die Worte des Immanuel Kant zu verbessern, seine Lehren der Gesellschaft nach 50 Jahren anzupassen. Die folgenden 50 Jahre, in der zweiten Hälfte des 19. Jahrhunderts, konzentrierten sich darauf, dass von seinen Lehren Abstand genommen wurde, da sie nicht mit der damaligen Philosophie zu vereinbaren waren. Auch wenn seine

Worte für die heutige Zeit eine wichtige Bedeutung haben, konzentriert sich nur noch der Neukantianismus auf seine Lehren. Diese philosophische Richtung entwickelte sich in der zweiten Hälfte des 19. Jahrhunderts. So ging es nicht darum, seine Worte zu verbessern, sondern seine Werke sollten wieder polarisiert und in größeren Massen gedruckt werden. Doch so, wie in den ersten 50 Jahren versucht wurde, seine Lehren zu verbessern und letztendlich zu begraben, fand der Neukantianismus keine neuen Anfänger. Die Deutungen ergaben nur wenig Sinn und stellten sich zudem als fragwürdig heraus. Letztendlich hatte auch der Neukantianismus nicht mehr viel mit Kants eigentlichen Worten gemein. Erst im 20. Jahrhundert sollte es wieder zu besseren Deutungen kommen.

Neben dem Neukantianismus entwickelte sich die bis heute recht populäre Hermeneutik. Die Hermeneutik wird auch die „Philosophie der Werte" genannt. So wird sich auf die Theorie der Interpretationen konzentriert. Dabei handelte es sich um das Interpretieren und Verstehen von literarischen Texten, was damals noch nicht so verständlich war, wie dies heute der Fall ist. Dabei unterscheidet sich die damalige Hermeneutik von der heutigen. So geht es mittlerweile darum, dass die Symbolik hinter einem Text definiert wird. Es wird sich mit der eigentlichen Sprache befasst. Im 19. Jahrhundert stellte die Hermeneutik ein Mittel dar, mit welchem sowohl die Kunst als auch die Wissenschaft mit Texten ausgelegt werden konnte. Konzentriert wurde sich dabei auf die von Menschen geschaffenen Grundgesetze und auf religiöse Schriften; auf die Bibel. Die Hermeneutik gilt seit dem Ende des 19. Jahrhunderts als eine anerkannte Philosophieform, doch wird sie nur noch selten mit der „Philosophie der Werke" verglichen. Stattdessen entwickelte sich die Hermeneutik zur „Philosophie des Verstehens". Mit ihr konnte es zu sachgerechten Interpretationen kommen, mit denen in der heutigen Zeit Methoden entwickelt und Voraussetzungen erkannt werden konnten. Da die Hermeneutik auf den Worten Kants basiert, beschäftigt sich die Philosophie des Verstehens mit Problemen des menschlichen Denkens in Bezug auf eine geschichtliche Verbundenheit. Dies rührt daher, dass Immanuel Kant fester Überzeugung war, dass es innerhalb jeder Erkenntnis zu Grenzen kam und dass die Erkenntnisfähigkeit eines Menschen nur begrenzt war.

Die Hermeneutik ist nur kurzzeitig die Philosophie der Werte gewesen und ist dann zu der Philosophie des Verstehens geworden. Die Philosophie der Werte gibt es allerdings noch immer. Zum Ende des 19. Jahrhunderts entwickelte sie sich als ein Teilbereich innerhalb der Ethik. Dabei geht und ging es auch heute noch um die Wertvorstellungen innerhalb der Gedanken eines Menschen und der Gesellschaft allgemein. Es ging um Werthaltung und um Wertschöpfung. Was bedeutete der Wert für den Menschen? Er bedeutete, dass dieser Bereich der Philosophie sich mit dem Handeln und Denken beschäftigt, schließlich sei es eben genau das, was den ideellen Wert des Menschen beeinflusst. Dabei ging es nicht nur um den materiellen Wert, um Gewinnvermehrungen. Stattdessen handelte es sich bei den Grundgedanken der Philosophie der Werke um soziale Maßstäbe, da bewiesen wurde, dass es durch eine Veränderung der sozialen Maßstäbe zu einer Veränderung der Lebensqualität kommen konnte. Es kam zu inneren Bereicherungen oder zu Reifungen von verschiedenen Persönlichkeiten. Dies stellte die ersten psychologischen Ansätze dar, doch die Begründungen glichen einem Rätsel, da es eben nur die ersten Ansätze waren. Auch bewegte sich die Philosophie der Werte ausschließlich in der Ethik. Anstatt auf die eigentlichen Gedanken eines Menschen zu einzugehen, wurde vielmehr die

Unterscheidungsfähigkeit zwischen Nutzdenken und Sinnessstreben in Frage gestellt. Das beinhaltete die Metaphysik beziehungsweise die Motivationsquelle innerhalb der Metaphysik. Es ging um religiöse Orientierungen, die die Lebensqualität anheben, allerdings auch senken konnten, das humanistische Denken sowie die soziale Ausrichtung wurden in Frage gestellt. All das beinhaltete Zweifel an dem Glaubenssystem des 19. Jahrhunderts. Nicht direkt war damit der christliche Glaube gemeint. In der zweiten Hälfte des 19. Jahrhunderts kam es stattdessen zu einer Vielzahl von neuen Religionen und Kulturen.

Kurz vor der Jahrhundertwende zum 20. Jahrhundert entwickelte sich die Lebensphilosophie und der Neuhegelianismus. Bei dem Neuhegelianismus handelte es sich um Anhänger des Georg Wilhelm Friedrich Hegel. Der Name Hegel ist auch heute sehr bekannt, damals allerdings handelte es sich nur um eine sehr kurze Philosophie, in welcher eine abgewandelte Form des Idealismus praktiziert wurde. Deutlich stärker als der Idealismus drehte sich der Neuhegelianismus um die Metaphysik. Dementsprechend ging es darum, dass jegliche Geisteswissenschaften hervorgehoben und der abstrakte Machtstaat mit den Kirchen und auch alleinherrschende Monarchen verfrachtet wurden.

Die Lebensphilosophie stand in einem starken Gegenteil zum Neukantianismus, der sich kurz vorher entwickelt hat, und dem Positivismus, welcher kurz darauf zustande kam. Innerhalb der Naturwissenschaften soll sich nicht auf die Metaphysik verlassen werden, auf übernatürliche, göttliche Wesen, sondern auf die Rationalität; auf die Logik des Rationalen. Nur so sei es möglich, das „Werden des Lebens" in Gang zu setzen und dieses zu dokumentieren. Obwohl das

Prinzip dahinter nicht kompliziert ist, ist die Thematik nicht die einfachste. So wurde sie innerhalb Deutschlands von dem Philosophen Wilhelm Dilthey in Gang gesetzt, doch bei seinen Überlieferungen handelt es sich um keine vollständigen. Daher kann heute nicht gesagt werden, was genau die Lebensphilosophie beinhaltet. Dennoch geht aus seinen Worten eine klare Nachricht heraus: Das Leben, welches der heutige Mensch kennt, sei nicht mit Rationalität gefüllt. Stattdessen sei der menschliche Kopf zum Platzen gefüllt mit kreativen Elementen und dynamischen Gedanken, die nicht der Rationalität zugrunde liegen. Er beschrieb ein solches Leben als ein „umgreifendes Leben". Die Lebensphilosophie widmete sich aufgrund dessen nicht nur der Vernunft beziehungsweise der Rationalität. Stattdessen mussten auch die folgenden Aspekte angesprochen werden: Intuition, Instinkt, Trieb und Wille. Es seien die Erfahrungen des Menschen, die ihn ausmachten und ihn gleichermaßen von der Rationalität abhielten. Es kam auf historische Bedingungen an. Da das menschliche Leben laut seinen Worten eher einer Kunst anstatt einer Wissenschaft entsprach, wird die Lebensphilosophie hin und wieder auch mit der „Philosophie der Lebenskunst" benannt.

Dementsprechend ist es im 19. Jahrhundert zu vielen verschiedenen Strömungen gekommen, die nicht mehr viel mit den Traditionen der Antike gemein haben. Dieses Jahrhundert beschreibt daher auch das „chaotische Jahr der Philosophie".

Das 20. Jahrhundert

Auch wenn das 19. Jahrhundert als ein chaotisches Jahr gilt, ist es das 20. Jahrhundert, welches noch stärker verstrickt ist. Die Auswirkungen des 20. Jahrhunderts sind allerdings nicht mehr gravierend. Erstmalig kam es zu Kriegen in einem großen Ausmaß, weshalb es im Zusammenspiel mit dem Zweiten Weltkrieg zu einer großen Zäsur kam.

Insgesamt haben sich im 20. Jahrhundert 24 Strömungen gebildet. In den vorherigen Abschnitten wurden davon einige erklärt, da sie in den vorherigen Jahrhunderten begonnen haben, doch im 20. Jahrhundert ihren Höhepunkt erreichten. Beschrieben wurde der Neukantianismus, die Geistesphilosophie, die Hermeneutik und die Scholastik. Obwohl vier dieser Strömungen in diesem Buch erklärt worden sind, gibt es immer noch 20 weitere Strömungen, allerdings sind nicht alle davon wichtig. Hier sollen nur die gravierendsten erklärt werden. Beschrieben werden sollen der Pragmatismus, der Strukturalismus, außerphilosophische Impulse, die Sozialphilosophie, der kritische Realismus und viele der bedeutendsten Aspekte der Existenzphilosophie und der Wissenschaftsphilosophie, wobei letzteres in den vorherigen Abschnitten bereits erwähnt wurde.

Innerhalb der Wissenschaft konnten viele Erfolge verzeichnet werden. Es kam zu physikalischen Entdeckungen, auf welchen die heutigen Naturgesetze basieren. So veröffentlichte der Atomphysiker Max Planck seine ersten Entdeckungen in den Bereichen der Quantenphysik, von Albert Einstein kam seine Relativitätstheorie und Isaac Newton vollbrachte die ersten großen Fortschritte innerhalb der Mechanik, doch viele weitere Wissenschaftler veröffentlichten ihre Thesen und Beobachtungen. Es war nicht das erste Mal, dass die Gesetze der Natur erforscht wurden und die ersten richtigen Ansätze gefunden wurden, doch das 20. Jahrhundert ist für die heutige Zeit dennoch das wichtigste Jahrhundert, da diese Ansätze bis zum Ende verfolgt wurden.

In den vorherigen Jahrhunderten war es so, dass – in den Augen der Gesellschaft – verrückte Ideen durchdacht und erste Thesen aufgeschrieben wurden, doch es kam niemals zu vollendeten Experimenten; nur zu Theorien der damaligen Philosophen. Kurz vor der Jahrtausendwende kam es dementsprechend zu neuen Weltbildern, welche so niemals für möglich gehalten wurden. Die Gesetze der Natur wurden geprägt und die ersten Regeln konnten niedergeschrieben werden. Dennoch muss gesagt werden, dass die allgemeine Physik, die Astronomie und auch die Geometrie 200 Jahre vor dem 20. Jahrhundert existierten. Es gab alte Theorien, auf denen die bisherigen Weltbilder basierten, doch diese wurden vor der Jahrtausendwende abgelöst. Noch immer gab es verwirrende Phänomene, doch dazu zählten nicht mehr Zeit oder Raum und auch die Entstehung des Kosmos wurde definiert. Es wurde klar, dass es sich bei Raum und Zeit lediglich um Elemente handelte, die vom Menschen geschaffen wurden, damit die Außenwelt besser verstanden werden konnte. Was nicht verstanden werden konnte, war nicht mehr nicht existent, sondern unvollständige Theorien blieben weiterhin Theorien. So war es Albert Einstein, welcher der Gesellschaft beibrachte, dass es die Theorien der Menschen waren, welche die Gesellschaft zum Fortschritt brachten.

Es entwickelten sich neue Kombinationen und Gleichheiten innerhalb von verschiedenen Disziplinen. So konnte mit der Quantenmechanik Aufschluss über das noch unerforschte Gebiet der Philosophie des Geistes gegeben werden. Es war klar, dass die vielen physikalischen und biologischen Phänomene der Außenwelt nicht in Fakten belegt werden können. Stattdessen muss in manchen Fällen von Schätzungen und Wahrscheinlichkeiten ausgegangen werden, da es zu Situationen kommen kann, in denen der Mensch machtlos ist.

Dennoch gehört es zu einem der menschlichen Triebe, die Welt zu erforschen. Dazu gehört auch das, was außerhalb der menschlichen Reichweite liegt. Rechnerisch konnte die Welt beschrieben werden, niemals allerdings in Fakten. Klar war damit dennoch, dass es die Physik war, welche die Natur ausmachte. Auch all das, was der Mensch geschaffen hat, oblag den Regeln der Physik. Es war bewiesen, dass der Planet Erde wissenschaftlichen Regeln unterstellt war. Dennoch kam es im 20. Jahrhundert nicht zu einer Abwendung der Religion. Es kam zum Gegenteil. Die Entdeckungen Einsteins und Plancks wurden religiös gedeutet. So wurden sie als Beweis dafür genommen, dass Gottheiten und übernatürliche Wesen tatsächlich existierten. Es war nämlich eindeutig, dass alles in der Welt gewissen Regeln unterstand, welche nicht von den Menschen geschaffen waren. Zufall gab es nicht. Dementsprechend musste also das, was geschieht, aufgrund eines Schicksals geschehen und dieses Schicksal wurde als das Handeln eines Gottes gedeutet. Daher entstanden im 20. Jahrhundert Redewendungen wie „Gott würfelt nicht". Somit eröffnete sich erneut eine vor vielen Jahrhunderten beantwortete Frage: die Frage der Determination.

Nach vielen Jahren, in denen vergeblich die menschlichen Gedanken untersucht wurden, entwickelte sich im 20. Jahrhundert diesbezüglich eine eigene Wissenschaft; es kam zu der Psychologie. Verantwortlich dafür waren Alfred Adler, Sigmund Freud und Carl Gustav Jung. In einem vorherigen Abschnitt wurde der Aspekt und der Weg der Philosophie zur Psychologie ausführlich beschrieben, weshalb er hier chronologisch lediglich erwähnt werden soll.

Kurz nach den ersten Anfängen der Psychologie kam es zum Pragmatismus. Dieser bezeichnet eine spezielle Denkrichtung, welche aus Amerika stammt. Explizit ging es beim Pragmatismus darum, dass es Auswirkungen und Konsequenzen auf natürliche Geschehnisse gab. Diese waren unausweichlich, da sie außerhalb der Reichweite des Menschen lagen. Dabei ging es nicht nur um natürliche Geschehnisse, sondern um Ereignisse, die durch das lebensweltliche Handeln entstanden sind. Aufgrund dieser Ereignisse kommt es im menschlichen Denken zu Veränderungen. Diese Veränderungen untersucht der Pragmatismus. Welche Auswirkungen hat die Umwelt auf die Gedanken des Menschen?

Aufgrund dessen hat sich innerhalb des Pragmatismus der Fallibilismus entwickelt. Dieser besagt, dass es niemals eine Gewissheit geben kann. Der Mensch wird niemals zu 100 Prozent wissen, was geschehen wird oder ob er mit einer Aussage richtig oder falsch liegt. Auch wenn die Prozentzahl noch so klein ist, gibt es immer noch eine Wahrscheinlichkeit, dass alles anders kommen kann als angenommen. Im Pragmatismus wird deshalb davon ausgegangen, dass das menschliche Denken und damit jegliches erlangtes Wissen fehlbar ist und sich als falsch herausstellen kann. Selbst wenn eine Aussage der Wahrheit entspricht, dann kann diese Wahrheit aufgrund von Handlungen herbeigeführt worden sein. Dies kann mit einem einfachen Beispiel erklärt werden: Glaubt ein Mensch fest genug an seine eigenen Worte und ist er überzeugt davon, dass er die Wahrheit spricht, dann ist es seine persönliche Wahrheit. Das heißt nicht, dass die Aussage einer wissenschaftlichen Richtigkeit entsprechen muss.

Zurückzuführen ist dies auf die Erkenntnistheorie und auch die Ontologie. Sie stellen das Fundament des Pragmatismus dar. Vorausgesetzt ist die Reihenfolge, dass theoretisches Wissen auf praktischen Handlungen beruht und nicht andersherum.

Neben dem Pragmatismus hat sich der Strukturalismus entwickelt. Dieser spielt eine bedeutsame Rolle innerhalb der Architektur und jeglichen Formen der Kunst. Genauer gesagt handelt es sich dabei um eine Forschungsmethode, welche ähnlich wie der Pragmatismus in der Geisteswissenschaft vorkommt. Es ist eine Strömung, welche die Theorie des Zufalls ausschließt. Auch hier sollen alle Phänomene vorbestimmt sein. Diese Phänomene würden zudem nicht einzeln auftreten. Stattdessen seien sie gruppiert, selbst wenn ein gewisses Phänomen nur einmal nachverfolgt werden konnte; sie seien nicht isoliert. Stattdessen ist die Struktur eine Grundvoraussetzung. Dabei ist nicht definiert, was genau diese Struktur darstellt. Stattdessen ist es lediglich „eine Struktur"; alles muss gewissen Regeln unterliegen. Des Weiteren sind laut Strukturalismus jedes einzelne Phänomen und jedes Ereignis auf dieser Welt miteinander verbunden, ähnlich wie die Theorie des Schmetterlingseffekts.

Innerhalb dieser Philosophie wird anerkannt, dass eine solche Struktur nicht auf der von Menschen bekannten Ebene der Realität und der Wirklichkeit existieren muss. Es handelt sich um ein Modell. Erst durch den Menschen werden diese Strukturen geschaffen. Sie ergeben sich aus einem Beobachter. Diese Strukturen gibt es daher nicht in der Wirklichkeit, sondern auf der Ebene von Modellen. Da sie nicht der Realität entsprechen, genießt der Strukturalismus unterschiedliche Meinungen. Deswegen zählt der Strukturalismus nicht zu den heutigen Disziplinen. Gezählt wird sie als ein optionales Konstrukt innerhalb der Anthropologie und der Linguistik. Daher scheiterten auch Methoden, den Strukturalismus auf andere Disziplinen auf kulturwissenschaftlicher Ebene zu übertragen.

Es kam zudem zu einer weiteren Form des Realismus: dem kritischen Realismus. Der „normale" Realismus wird im Übrigen in diesem Zusammenhang als „naiver Realismus" bezeichnet. In ihren Grundzügen beschreiben beide Positionen, dass die Außenwelt auf erkenntnistheoretischen Grundkonzepten basiert. Der kritische Realismus allerdings ist der Meinung, dass besagte Außenwelt sich einem Menschen niemals objektiv zeigen könnte. Durchaus bestünde die Welt aus objektiven Zusammenhängen, sie existiert, doch jedem Menschen zeigt sie sich anders. Dies würde der menschlichen Wahrnehmung obliegen. Grund dazu ist, dass die Wahrnehmung eines jeden Menschen unterschiedlich ist, denn die Wahrnehmungskraft in mentalen Bereichen ist begrenzt. Dasselbe gilt im kritischen Realismus für die Erkenntnisaufnahme der Welt. Dennoch muss hier gesagt werden, dass sich die Wahrnehmungskraft in den letzten Jahrhunderten verändert hat. Noch immer können die Menschen nicht alle Grundprinzipien verstehen und es gibt weiterhin Mysterien, die nicht gelöst werden können, doch durch die Erkenntnisse, die die Menschen innerhalb der Physik und anderen Naturwissenschaften gemacht haben, kommt die Wahrnehmung der tatsächlichen Realität immer näher. Weiterhin kann es nur zu einer begrenzten Wahrnehmungskraft kommen und eine wirkliche Realität zu erreichen, wird unmöglich sein, doch Forschungsprozesse stellen nicht nur innerhalb der Erkenntnisaufnahme wichtige Aspekte dar, sondern auch in der Erkenntniswahrnehmung.

Die Soziologie und insbesondere die deutsche Soziologie wendet sich von wissenschaftlichen Erkenntnissen oder der Erweiterung der Wahrnehmung ab. Stattdessen wurde sie von einem deutschen Juristen, Nationalökonom und Soziologe namens Max Weber mitbegründet. Hierbei wird mit den Grundlagen der Begriffsbildung gearbeitet. Auf diesen basiert die Soziologie, aber auch die Politikwissenschaft und die Sozialphilosophie. Die Soziologie bildete sich aufgrund von vielen verschiedenen Vorlagen. Nicht gerade kleine Rollen spielten dabei Max Webers Vorstellungen von einem sogenannten Idealtypus und seine Einteilung in moralisches Handeln und seine entwickelte Verantwortungs- und Gesinnungsethik. Diese hatten ihre ersten Durchbrüche innerhalb der Sozialphilosophie und entwickelten sich dann weiter in Richtung Soziologie. Zu den Bereichen des moralischen Handelns hatten auch die Beziehung zwischen Macht und Herrschaft sowie ihre Auswirkungen auf das allgemeine Volk eine große Rolle gespielt, auf denen Weber viele seiner Gedanken basierte.

Walter Benjamin, ebenfalls ein deutscher Philosoph aus dem 20. Jahrhundert, rief dagegen zu der Erkenntnis einer engeren Verbindung zwischen der Sprache und der Philosophie auf. Er war nicht nur Gesellschaftstheoretiker und Literaturkritiker, sondern sprach auch viele Sprachen fließend und arbeitete als Übersetzer. Für ihn ging es bei der Soziologie um eine empathische Beziehung zwischen dem Lyrischen und den Gedanken der Menschen. So kam es dazu, dass es innerhalb der Soziologie zu einem philosophischen Umschwung im 20. Jahrhundert kam. Obwohl die Naturwissenschaft eine große Rolle spielte und für viele technische Entwicklungen und Durchbrüche verantwortlich war, stellte sie mittlerweile keinen Aspekt der Philosophie mehr dar. Dafür hatte sie sich zu weit von den alten Traditionen entfernt. Es ging nicht mehr um das Verstehen, um die Wissensbegierde des Menschen zu stillen und somit Leben im Alltag zu verbessern, sondern es ging um das Verstehen im Sinne des

Verstehens. Mittlerweile wurde nichts mehr als unmöglich betrachtet. Die Forschung unterlag nicht mehr den alten Regeln und stellte die allgemeine Philosophie selbst manchmal in Frage. Während der Wissenschaftsmarkt immer weiter anstieg, entwickelte sich die eigentliche Philosophie zurück. So wurden erneut Techniken aus der Zeit der Renaissance angewandt. Der Erkenntnisbegriff veränderte sich. Er war nicht mehr naturwissenschaftlich orientiert, sondern stellte wieder die Erfahrungen und Erkenntnisse der Theologie dar, mit welchen sich die ersten Philosophen von Anfang an beschäftigt haben. Daher ist es heute auch der Fall, dass die Sozialphilosophie und die Soziologie getrennt werden. Die Soziologie selbst bezog sich auf eine sogenannte „ubiquitäre Verdinglichung" in Hinsicht auf das Zeichensystem von Menschen und den dazugehörigen Sprachen. Die Soziologie stellt ein Mittel der Kommunikation zwischen Menschen dar und gibt Aufschluss darüber, wie Menschen unterschiedlicher Herkunft miteinander leben und kommunizieren können.

Komplett sollte sich nicht von der Wissenschaft abgewandt werden. Es war klar, dass sie ihren eigenen Weg einschlug und sich von der eigentlichen Philosophie abtrennte. Der Hintergedanke innerhalb der Wissenschaft blieb dennoch die Erforschung der Welt, in der die Menschen leben. Dies stellte einst einer der Grundgedanken innerhalb der Philosophie dar. Um sich nicht zu weit zu spalten, entwickelte sich die Wissenschaftsphilosophie. Diese orientierte sich an den amerikanischen Forschungsmethoden. Einen besonderen Einfluss stellte Thomas Samuel Kuhn dar, ein US-amerikanischer Wissenschaftstheoretiker und -historiker sowie Physiker. Er war der festen Meinung, dass die Wissenschaft sich von der Philosophie abtrennen konnte, doch niemals von der Soziologie. Dieser Gedanke kommt daher, dass es damals wie auch heute eine „Scientific Community" gibt. Es käme zu Paradigmas, welche sich an Gemeinschaften orientieren, die soziologischen Ursprungs waren. In diesen Gemeinschaften gehörte es dazu, dass diese Paradigmen oder auch Leitideen propagiert und verteidigt werden. Auch hierbei ging es um die soziologische Fähigkeit der Kommunikation. Die eigentliche Wissenschaft dagegen würde nur den Inbegriff des Problemlösens darstellen und brauchte nicht direkt Formen der Kommunikation. Ein einzelner Wissenschaftler könne die größten Geheimnisse des Planeten lösen, ohne jemals mit einer anderen Person gesprochen zu haben. Das Popularisieren dagegen bräuchte die Hilfe der Soziologie.

Innerhalb der Scientific Community sind die beteiligten Wissenschaftler der festen Überzeugung, dass es jederzeit zu einem Paradigmenwechsel konmen kann, und zwar dann, wenn es zu Widersprüchen innerhalb der wissenschaftlichen Gesellschaft kommen würde. Dadurch kam es zu Krisen und Konflikten, welche in Diskussionen ausarteten und den Aufbau einer neuen Leitidee forderten. Paradigmen werden damit aufgrund von Kommunikation mit anderen Paradigmen ersetzt. Dieser Vorgang grenzte sich laut Kuhn von den Regeln der allgemeinen Wissenschaft ab, da es hier nicht um das Problemlösen ging und auch nicht um logische Schlussfolgerungen oder Widerlegungen von antiken Theorien, die in einer schnelllebigen Zeit nicht mehr viel Sinn ergaben. Stattdessen stellte das Ablösen von Paradigmen durch neue Paradigmen einen Weg der Konfrontation dar, welcher auf neuen Theorien beruht und nach aktiver Kommunikation fragt. Da nicht jeder neuen Leitbildern folgt, weil ein gewisser Bruchteil immer alten Theorien folgen würde, komme es zu neuen Scientific-Communities, welche sich neuen Aufgaben stellen können. Mittlerweile haben Kuhns Lehren einen großen Einfluss auf die allgemeine Theorieentwicklung und auf Rhythmusanalysen von Paradigmen.

Die Existenzphilosophie andererseits konzentriert sich auf die bloße Existenz des Menschen und die damit verbundenen Gedanken, die mit dem Leben eines Menschen einhergehen. Eine solche Beschreibung würde allerdings zu der allgemeinen Philosophie passen. Die Existenzphilosophie beschreibt explizit das individuelle Existieren auf einer wissenschaftlichen Basis des Idealismus. Auch eine Verbindung zum Positivismus ist innerhalb der Existenzphilosophie zu erkennen. Zudem hat sich der Existentialismus von der Existenzphilosophie abgelöst. Diese hatte einen starken Einfluss in Frankreich nach Zeiten der Französischen Revolution, weniger allerdings in Deutschland und noch weniger zur heutigen Zeit.

Das chaotische 20. Jahrhundert hat sich in verschiedene Strömungen und Disziplinen unterteilt, wovon viele nur wenige Jahre angehalten haben, doch auch große Veränderungen konnten verzeichnet werden. So haben sich verschiedene Wissenschaftsbereiche entwickelt, welche sich von der eigentlichen Philosophie getrennt und einen Neuanfang gestartet haben. Manche der Strömungen sind dennoch auch heute noch philosophisch von einem großen Wert.

Die Philosophie der Gegenwart

Im 20. Jahrhundert konnte bereits beobachtet werden, dass es in verschiedenen Teilen der Welt zu verschiedenen Praktiken gekommen ist. Heute ist dies nicht anders. So ist die Philosophie der heutigen Zeit kulturell gespalten. Über den Globus verteilt hat sich die allgemeine Philosophie nicht nur historisch in verschiedene Richtungen entwickelt, sondern auch unterschiedlich hinsichtlich Länder und

Kulturen. Ein Problem hat sich dennoch außerhalb des Einflusses jeglicher Kulturen entwickelt: Da die allgemeine Philosophie seit über 2.000 Jahren existiert, ist es nicht einfach, den philosophischen Gegenstand zu bestimmen.

Warum ist dies so schwer? Im 20. Jahrhundert ist es nicht nur zu unterschiedlichen Strömungen gekommen, die sich in verschiedene Richtungen entwickelt haben, sondern es ist zu neuen Erkenntnissen gekommen. Noch vor einigen Jahren wären diese Erkenntnisse nicht anerkannt worden, da sie über den Horizont der Menschen hinaus gingen. In diesem Sinne ist es nicht verwunderlich, dass viele Wissenschaftler und Philosophen erst verhältnismäßig lange nach ihrer Zeit rezipiert und damit anerkannt wurden. Dazu zählen Arthur Schopenhauer und Friedrich Nietzsche. Auch kam es zu Folgerkenntnissen. So gibt es ein Werk, welches der „Satz von Bolzano-Weierstraß" hieß. Dieses Werk wurde nach Bernard Bolzano benannt. Er war ein katholischer Philosoph und Priester, dessen Gedanken weit in der Zukunft lagen. Erst durch seinen Nachfolger, Edmund Husserl, konnte Bolzano die richtige Anerkennung bekommen.

Ein weiteres Problem beschreibt, dass es zu vielen Interpretationen gekommen ist. Dies ist positiv, doch letztendlich wurde bezüglich dieser Interpretationen die falsche Auswahl getroffen. Innerhalb der Philosophie wird sich auf Werke von Philosophen bezogen, die in einer vergangenen Zeit gelebt haben. Heute allerdings werden Philosophen ausgewählt, die durchaus noch unter den Lebenden weilen beziehungsweise erst vor kurzem gestorben sind. Es wird sich mit Philosophen der heutigen Zeitepoche beschäftigt. Das hat den Nachteil, dass viele bedeutsame Werke nicht weit genug zurückliegen oder gar nicht erst verfasst worden sind. Kein neues Wissen kann innerhalb der Philosophie aus der Zeit der Lebenden erkannt werden. So kommt es zu Erkenntnissen. Die Philosophie dagegen beschäftigt sich mit der weiten Zukunft. Damit braucht es die Recherche des Vergangenen, um daraus Schlüsse auf die heutige Zeit zu ziehen beziehungsweise auf den heutigen Alltag. Es wird sich auf Werke von Verstorbenen bezogen, Aufschluss über diese Werke und über die Philosophen selbst geben die Schüler. Die Schüler dokumentieren die wörtlichen Lehren ihrer Mentoren, welche nur selten ihre eigenen Biografien verfassten. In der heutigen Zeit kommt dies häufig vor; Promis oder bekannte Menschen schreiben ihre eigenen Lebensgeschichten nieder. Von der Antike bis hin zu den Beginnen der Neuzeit war dies ein Unding.

Kompliziert wird es zudem, wenn in Betracht gezogen wird, dass manche Philosophen zu Lebzeiten ihre Ansichten und Positionen mehrmals geändert haben. Dies kann in der heutigen Politik und auch in der Wissenschaft betrachtet werden. Erkenntnisse verändern das Denken der Menschen oder führen zu spirituellem beziehungsweise philosophischem Erwachen. Es brachte nichts, ein Werk in den Lebensjahren eines Philosophen über das eigene Leben zu veröffentlichen, denn auch noch kurz vor dem Tod konnten sich noch immer Ansichten ändern. Auch war es früher nicht gang und gäbe, dass wissenschaftliche Thesen zum Ende einer akademischen Ausbildung niedergeschrieben wurden. Im heutigen Studium muss jeder, der einen Titel erlangen möchte, eine These niederschreiben. Durchaus geschieht dies in jungen Jahren. Viele dieser Menschen haben noch nicht einmal ihr 30. Lebensjahr vollendet. Während dieses Alter heute als sehr erwachsen gilt, war dies in Bezug auf die Philosophie in der Antike noch nicht der Fall. Schriften, Werke und Bücher wurden bis in die frühe Neuzeit von Philosophen und Wissenschaftlern geschrieben, die sich in einem hohen Alter befanden und dementsprechend viel Erfahrung besaßen. Auch ging es darum, dass die Erkenntnisse für die nächste Generation niedergeschrieben wurden und nicht für Ruhm, Einnahmen oder um mit den Ideen und Thesen rechtzuhaben. Erkenntnisse basierten seit jeher auf Erfahrung. Dies kann in der heutigen, schnelllebigen Zeit nicht gegeben werden.

Es stellt sich daher ein simples, grundlegendes Problem: In der Öffentlichkeit können die heutigen Bedeutungen, Bewertungen und Ansätze nicht gefestigt sein. Dies liegt am Verlauf der heutigen Zeit. Dadurch, dass die Gegenwart schnelllebig verläuft, kann es jederzeit zu veränderten Meinungen kommen. Täglich ändern sich Gedanken und sogar Tatsachen. Durchaus können daraus Erkenntnisse gezogen werden, doch Bewertungen dieser Erkenntnisse basieren auf den Wahrnehmungen der Aktualität und der Realität. In der Gegenwart wird daher auf die analytische Philosophie gesetzt. Diese wird als sehr erfolgreiche Methode eingesetzt, doch die eigentlichen Philosophieströmungen stellen andere Formen dar. So kommt es in der heutigen Zeit neben der analytischen Philosophie als reine philosophische Methode zu einem ausgeprägten Pluralismus, welcher vielen Ansätzen und vielen verschiedenen Richtungen folgt.

Dennoch muss weiterhin der kulturelle Aspekt beachtet werden. In den folgenden Abschnitten sollen die drei größten kulturellen Philosophieepochen beschrieben werden: die Situation im heutigen Deutschland, in Frankreich beziehungsweise in Italien und jene im anglo-amerikanischen Bereich.

Die Philosophie in Deutschland

Die Philosophie spielt im heutigen Deutschland eine große Rolle. So gibt es 300 Philosophie-Professoren an den verschiedenen Universitäten Deutschlands. In dieser Zählung werden allerdings nur Professoren erwähnt, die an Hochschulen lehren und keine Lehrer an Gymnasien oder Realschulen. Verhältnismäßig für ein Land mit der Größe Deutschlands ist 300 eine durchaus große Zahl. Wichtig ist zudem, dass die meisten dieser Professoren nicht habilitierte Professoren sind. Eine Habilitation beschreibt die höchste Lehrprüfung, die sich eine Lehrperson unterziehen kann. Die direkte Lehrfähigkeit wird getestet und das mit einem ausgeklügelten, akademischen Verfahren. Zu einer Habilitation kann es nur in einem wissenschaftlichen Fachgebiet kommen. Innerhalb der deutschen Philosophie ist dies der Fall; sie zählt als eine Wissenschaft und damit als ein wichtiger Teil jeglicher akademischer Ausbildung. Eine Habilitation ist daher durchaus wichtig, doch beinahe alle Philosophie-Professoren sind sich in Deutschland einig, dass es innerhalb der Philosophie um eine soziologische Freiheit geht. Diese kann nicht mit einer Habilitation erreicht werden, da jeder, der über eine Habilitation verfügt, einem eng gestrickten Lehrplan folgen muss. Es kommt zu Lehrverpflichtungen, welche in Deutschland streng kontrolliert werden. Philosophische Ansätze können von Experten nicht so gelehrt werden, wie derjenige dies am besten könnte, sondern so, wie der Lehrplan es vorsieht. Die Verpflichtungen gegenüber der philosophischen Freiheit würden damit eingegrenzt werden.

Dennoch sind sich die Philosophen Deutschlands nicht in allen Aspekten einig. So kommt es in der heutigen Zeit zu Debatten, ob an der Philosophie des Geistes gearbeitet werden sollte oder an der Ethik. Dabei ist die heutige Ethik nicht mehr so beschrieben, wie dies in der Renaissance oder der Neuzeit der Fall war. Stattdessen zählt zu der heutigen Ethik die Umweltethik, die Technikethik und die Bioethik. Zu diesen Formen der Ethik gibt es eigenständige Lehrstühle. Die Philosophie des Geistes hat sich dagegen wenig verändert. Noch immer wird versucht, die Gedanken der Menschen aktiv zu verfolgen und zu verstehen. Dafür kam es zu modernen Unterrichtsfächern an beinahe allen Universitäten und bereits an vielen Schulen. Dazu gehört die Medienphilosophie, welche die Kinder und jungen Menschen hinsichtlich des Internets, aber auch des Ausmaßes von unkontrollierter Kommunikation aufklären soll, die Kulturphilosophie und damit die Nächstenliebe zu anderen Kulturen und die philosophische Anthropologie, welche eher an wissenschaftlichen Hochschulen zum Einsatz kommt. Eine wichtige Bedeutung trägt die interkulturelle Philosophie, welche allerdings verhältnismäßig klein ist. So wird sich in Deutschland aktiv mit Vertretern aus dem Islam, aus Asien und auch aus Afrika ausgetauscht.

Auch wenn all dies auf einer theoretischen Basis funktioniert, ist die philosophische Praxis innerhalb der Soziologie in Deutschland besonders groß. Genauer soll dieser Aspekt im nächsten Kapitel beschrieben werden, da sich nicht nur in Deutschland darauf konzentriert wird. Stattdessen beschreibt die praktische Philosophie einen großen Teil der historischen Geschichte. Auch heute gewinnt sie stetig an Popularität und an mehr Initiativen. Es handelt sich um einen Versuch, mit den Menschen der „normalen Welt" zu kommunizieren und damit mit Menschen, welche nicht studiert haben und keine Experten auf einem wissenschaftlichen Fachgebiet sind.

Neben den Aspekten der praktischen Philosophie bezieht sich die moderne Philosophie in Deutschland auf die Soziologie. Durch den Zweiten Weltkrieg, welcher auf der gesamten Welt, aber vor allem in Deutschland, große Auswirkungen hatte, geht es um die Freiheit der Menschen und darum, das Gegenüber zu verstehen und vor allem zu akzeptieren. Es geht um das Zusammenleben der Menschen, um das Verständnis und die Nächstenliebe. Die Strömungen und Formen der Soziologie unterliegen weiterhin der Erkenntnistheorie, durch welche es nicht nur zu Erkenntnissen kommt, sondern auch zu Interesse. Viel mehr als die Erkenntnistheorie wird die „Theorie des kommunikativen Handelns" angewandt. Es handelt sich dabei um eine grundlegende Diskussion innerhalb der Soziologie, welche noch immer andauert und eine große Rolle in der modernen Philosophie spielt. Obwohl es sich bei dem Versuch, den Nächsten zu verstehen, um ein Grundprinzip handelt, beschäftigen sich nicht mehr viele Kulturen mit der Soziologie. So geht es in Frankreich und Italien um die Literatur und in Amerika ist die Wissenschaftsphilosophie der Soziologie höhergestellt.

Die Philosophie in Frankreich und Italien

In Deutschland kam es zu einer Unterteilung der verschiedenen philosophischen Disziplinen. Der Begriff der Philosophie wurde zurück zu seinen Ursprüngen getrieben, damit auch die ältesten Traditionen bewahrt werden konnten. Dabei wurde auf den philosophischen Aspekt der Soziologie gezählt. In Frankreich und Italien dagegen kam es zum Gegenteil. Die französischen und italienischen Philosophen sind sich darüber einig, dass jegliche Traditionen bewahrt werden müssen, doch vor allem haben sich zwei neue Varianten gebildet, mit welchen momentan aktiv gearbeitet wird. Es ist zu einer sogenannten Methode der Dekonstruktion gekommen und zum Poststrukturalismus.

Der Poststrukturalismus wird als ein Oberbegriff gewertet, welcher verschiedene Ansätze und Methoden in den Bereichen der Geisteswissenschaft und der Sozialwissenschaft vereint. Diese Methoden sind im 20. Jahrhundert entstanden und tragen in der Gegenwart eine wichtige Besonderheit. Die verschiedenen Methoden beziehen sich alle auf die sprachliche Praxis, in welcher es darum geht, die soziale Wirklichkeit zu entschlüsseln. Daher ist es zu Ansichten gekommen, die besagen, dass die Realität nicht nur durch die Sprache aufgebaut wird, sondern auch, dass mithilfe der Sprache Unterschiede kategorisiert und erkannt werden können. Damit kann gesagt werden, dass es innerhalb des Poststrukturalismus nicht zu den übrigen Aspekten und Perspektiven kommt. Es kommt zu keiner objektiven Sichtweise. Normalerweise beschreibt eine objektive Sicht eine Notwendigkeit, wenn es um soziale Tatsachen geht. Im Poststrukturalismus geht es dagegen gezielt darum, unterschiedliche Möglichkeiten zu finden, die nicht immer auf Tatsachen basieren, sondern von gesellschaftlichen Entwicklungen angenommen werden; es kommt zu „Kontingenzen".

Obwohl der Poststrukturalismus der Nachfolger des Strukturalismus ist, wendet sich der Nachfolger aktiv vom Vorgänger ab. So ist der Poststrukturalismus deutlich mehr ausgeweitet. Dazu zählen ausgeweitete Ober- und Textbegriffe. So geht es weiterhin um eine allgemeine Struktur innerhalb eines Textes, doch im Nachfolger des Strukturalismus sollte es keine privilegierte Lesart geben, so, wie dies vorher der Fall war. Der Poststrukturalismus wurde dafür verwendet, Kulturen mit all ihren Aspekten anhand von Texten zu erfassen. Es wird dabei auf vergangene Kulturen geachtet, durch Schriftstücke oder Gravierungen, die an archäologischen Fundorten gefunden werden konnten.

Die Dekonstruktion beschreibt einen Portmanteaubegriff, der sich aus „Destruktion" und „Konstruktion" bildet. Mit diesem Begriff können viele Strömungen bezeichnet werden, die innerhalb der Philosophie heimisch sind und sich auf Werkinterpretationen spezialisieren. Dazu gehört auch die Philologie. Mit der Dekonstruktion wird in Frankreich sowie Italien und in vielen anderen europäischen Ländern seit 1960 gearbeitet. Es wird sich bemüht, Nachweise ausfindig zu machen, durch welche Paradoxien Sinn ergeben können. Das kann anhand von Texten geschehen, welche in sich einen Widerspruch tragen, die ihre eigene Bedeutung durchkreuzen oder hinterfragen, als würden sie die vierte Realitätswand brechen. Inhaltlich kommt es zu Gegenteilen, wobei alle sprachlichen Formen der Philosophie verwendet werden. Bei der Auswahl von Texten gibt es keine Regeln. Die Methode der Dekonstruktion beschreibt das kritische Hinterfragen eines Schriftstückes. Dazu gehört auch das akribische Auflösen.

Die Dekonstruktion wird als Dekonstruktivismus bezeichnet. Diese Form ist nicht anerkannt, wird dennoch von einigen Autoren verwendet. Auch kommt es mit dem Namenswechsel zu unterschiedlichen Methoden. Der Begründer der Dekonstruktion selbst dachte darüber sehr kritisch. Er als französischer Philosoph, Hauptvertreter und Begründer dieser Methoden war der aktiven Meinung, dass die Dekonstruktion von jeglichen anderen Formen getrennt bleiben sollte. Zu diesen anderen Formen zählt der „Dekonstruktivismus". Seinen Gedanken nach stellten diese Formen reine dogmatische Erscheinungsformen dar.

Verglichen werden kann die Dekonstruktion mit der Hermeneutik. Auch in dieser geht es um das aktive Hinterfragen von Schriftstücken, doch die Dekonstruktion und damit die dekonstruktivistische Textbefragung hat sich im Laufe der Jahre verändert und weitergebildet. So geht es nicht mehr um die dialogischen Verhältnisse zwischen dem Interpreten und seinem Text und noch weniger um die Botschaften, die in diesem Text enthalten sind. Während die Hermeneutik daher auf Sinneinheit zielt, die jederzeit rekonstruiert werden kann, beschreibt die Dekonstruktion einen Rückruf der Natur, durch den es zu Analysen kommen kann.

Weniger im Sinne der Soziologie und vielmehr in der literaturbezogenen Philosophie arbeiten heute Frankreich und auch Italien. Auch in diesen Ländern konnte sich die Wissenschaft nicht von der Philosophie abgrenzen, weshalb in der Gegenwart durch die Erkenntnisse von Schriftstücken und Texten wissenschaftliche Erklärungen gesucht werden.

Die Philosophie in Amerika

Im anglo-amerikanischen Raum wurde im Gegensatz zu den europäischen Ländern ein anderer Weg eingeschlagen. Hier ging die Philosophie am weitesten verloren. Stattdessen handelt es sich um aktiv analytische und wissenschaftliche Methoden. Dabei liegen die Schwerpunkte auf der Sprachphilosophie außerhalb des Stoizismus und der Literatur, sowie auf dem Pragmatismus. Mittlerweile wird von den heutigen amerikanischen Philosophen davon ausgegangen, dass es Professoren, Theoretiker und Wissenschaftler braucht, die analytisch geschult wurden und nicht methodisch. Nur so würden alle Geheimnisse der Welt verstanden werden können. Dies wird damit begründet, dass es zu ausgeweiteten Themenspektren kommen kann, wenn Theoretiker analytisch geschult werden. Somit kann inklusiv von allen Themenbereichen und Positionen gearbeitet werden und damit auch mit metaphysischen Fragen, wovon sich nicht nur Deutschland, Frankreich und Italien fernhalten, sondern auch der Empirismus, denn innerhalb der Metaphysik kann nicht empirisch gearbeitet werden. Dies kommt daher, dass der Glaube eines Menschen wahrhaftig sein kann, doch niemals logisch. Wer analytisch arbeitet, der kann ein Spezialgebiet haben, in welchem sich derjenige heimisch fühlt, doch letztendlich kann in allen Bereichen gearbeitet werden.

Im anglo-amerikanischen Bereich wird sich daher auf die vielen Aspekte jeglicher wissenschaftlicher Arbeiten fokussiert. Dennoch spielt die Geistesphilosophie eine beachtliche Rolle. Vor allem geht es in Amerika darum, dass Kontroversen besprochen werden, die mehrere Jahrhunderte alt sind. Diese Kontroversen stellen sich der Frage, ob die Seele und der Geist eines Menschen mit Naturgesetzen erklärt werden kann beziehungsweise ob die Seele realisierbar ist. Daher ist der Determinismus ein großes Thema im anglo-amerikanischen Bereich. Wie es sich in den letzten Jahrhunderten etabliert hat, baut der Determinismus auf der Aussage auf, dass Geschehnisse, die durch die Natur verursacht werden, nicht durch Zufall geschehen, sondern immer mit einem Grund dahinter. Der Determinismus baut auf verschiedenen Ursachen auf; wenn es nicht der Zufall ist, was ist es dann? Daraus haben sich viele Strömungen gebildet, deren Meinungen stark auseinandergehen und nicht immer der Logik entsprechen. Dennoch stellen diese Strömungen wichtige Aspekte der amerikanisch-philosophischen Kultur dar und äußern sich in determinierten Philosophien. Diese Philosophien werden nur von wenigen Menschen beziehungsweise Philosophen als Vorbild genommen, geschichtlich tragen sie dennoch einen wichtigen Aspekt.

Ähnlich wie in Deutschland spielt die praktische Philosophie auch in Amerika eine große Rolle, allerdings ist der Ausgangspunkt hier ein neokantianischer Ansatz, wobei auf die Philosophie der Gerechtigkeit gezielt wird. In Europa sind die Philosophen der Meinung, dass es eine solche Philosophie nicht bräuchte, da die Gerechtigkeit ein Grundgedanke des europäischen Aufbaus ist. Die Gerechtigkeit steht daher immer im Vordergrund. Im anglo-amerikanischen Bereich ist die Philosophie der Gerechtigkeit in zwei Gruppen aufgeteilt. Die meisten Menschen, wobei hierbei nicht von Philosophen gesprochen wird, sondern vom gemeinen Volk, sind fester Überzeugung, dass weder die Hautfarbe noch der Wohlstand oder die Herkunft in der gesellschaftlichen Stellung eines anderen Menschen eine Rolle spielen sollte. Einige Philosophen äußern daran große Kritik. So ist es eine Tatsache innerhalb der amerikanischen Ethik, welche auch in manchen Gebieten Deutschlands und in Australien ausgeübt wird, dass das Urteil eines Menschen nicht objektiv sein kann, sondern durch Präferenzen beeinflusst wird. Die Objektivität wird in Deutschland sehr ernst genommen und kann rechtlich nachverfolgt werden, sollte mit Präferenzen gegen gewisse Menschen oder Kulturen gearbeitet werden. In Amerika kann dies nicht juristisch nachverfolgt werden. Dies ist daher der Grund, warum mit extremen Maßnahmen bezüglich Euthanasie, Abtreibung und Tierhaltung gearbeitet wird. Es kommt zu ungewohnten Konsequenzen.

Der Großteil der Menschen ist sich bewusst, dass kein Mensch diskriminiert werden und jeder die gleichen Chancen bekommen sollte. Dennoch kann es zu ungewollten Präferenzen kommen, die sich nicht immer eingestanden werden. Es gehört nicht nur zur Gerechtigkeit, dass niemand diskriminiert wird, sondern im amerikanischen Bereich ist es auch eine Gerechtigkeit beziehungsweise Ungerechtigkeit, wenn die Präferenz eines Menschen nicht beachtet wird. Es wird in extremen Gebieten im anglo-amerikanischen Bereich wie folgt argumentiert: Es ist das Recht einer Frau, über ihren eigenen Körper zu entscheiden. Wenn ein Mann oder eine andere Person dagegen ist, dann ist das deren gutes Recht und es zählt zu einer Präferenz. Philosophen sagen daher, dass, wenn auch nur eine einzige Person eine andere Präsenz hat, diese auch berücksichtigt und respektiert werden muss.

Die philosophischen Bereiche Amerikas sind deutlich extremer, und das in vielen Aspekten. Deutlich stärker als in Deutschland, wo die Freiheit nicht gerade eine kleine Rolle spielt, ist es die Freiheitsphilosophie, welche einen Unterbereich der praktischen Philosophie darstellt. Erklärt werden soll genau dies im nächsten Kapitel.

Die Praktische Philosophie

Obwohl der Begriff der Praktischen Philosophie einfach klingt, ist die Bedeutung dahinter eher kompliziert. Um das Gesamtbild zu erkennen, muss erst angesprochen werden, was mit dem Begriff „praktisch" gemeint ist. Die Beschreibung im Alltag ist einfach: „praktisch" kann mit „tauglich", „nützlich" und „gut anzuwenden" gleichgesetzt werden. Wenn eine Idee als praktisch bezeichnet wird, dann ist diese im Alltag leicht umzusetzen. Innerhalb der Praktischen Philosophie kann besagte Begriffserklärung trotz der Namensgleichheit nicht angewandt werden. Stattdessen zählt hier das Gegenteil. Die Praktische Philosophie kann nicht mit den gerade genannten Adjektiven beschrieben werden. Sie ist weder handtauglich noch ohne Komplikationen im Alltag anzuwenden.

Diesbezüglich muss gesagt werden, dass die Praktische Philosophie sich nicht darauf bezieht, die Probleme der Menschen zu lösen. Sie ist weiterhin ein Teil der Philosophie, welche sich entfernt auch mit diesem Thema beschäftigt, doch die Praktische Philosophie ist weder besser anzuwenden noch „tauglicher", als dies bei der Theoretischen Philosophie der Fall ist. Wo liegt also der Unterschied zwischen der Praktischen Philosophie und der Theoretischen Philosophie, wenn es weder Zitate und Spruchsammlungen, die mit genügend Erfahrung zu Lebensweisheiten führen können, noch Anweisungen von Philosophen sind, die vor mehr als 2.000 Jahren gelebt haben?

Zu einer solchen Verwirrung kommt es häufig. So steht die Praxis der Praktischen Philosophie der Problemlösung innerhalb der Lebensführung nahe, doch gleichzeitig muss in Betracht gezogen werden, dass das Gegenteil der Praktischen Philosophie nicht die „unpraktische Philosophie" darstellt.

Um die Verwirrung zu klären, muss auf die Begriffsgeschichte geachtet werden, anstatt auf die direkte Übersetzung aus der griechischen oder lateinischen Amtssprache zu setzen. Die Begriffsgeschichte eines Wortes selbst ist nicht einfach und gehört zu einer der kompliziertesten Bereiche der Historie, weshalb sie hier nicht im Detail erklärt werden soll. Letztendlich kommt es zu einem Verbaladjektiv, welches sich zu „handeln" übersetzen lässt. Anhand der Begriffsgeschichte kann daher sehr genau gesagt werden, dass die Praktische Philosophie in ihren Grundzügen die Handlungsphilosophie zeigt.

Direkt muss hier erklärt werden, dass mit "handeln" nicht das Nomen, sondern das Verb gemeint ist. Damit ist nicht das aktive Handeln gemeint, welches mit einer technischen Anleitung gleichgesetzt werden kann. Dies kann vorkommen, manche Systeme führen auf diesen Aspekt zurück und manche Experten gehen zudem davon aus, dass das aktive Handeln das einzig richtige System und Ziel der Praktischen Philosophie ist, doch die Philosophie des Handelns beschreibt viel mehr. Durchaus können gewisse Systeme dem Handeln „nahe" sein. So kann es zu moralischen Appellen kommen, die sich das Ziel gesetzt haben, die Lebensführung eines Menschen oder das Leben selbst durch moralische Zielvorstellungen zu beeinflussen. Das Handeln eines Menschen wird beeinflusst. Damit stellt sich ein simples Problem: Die allgemeine Philosophie selbst beschreibt, dass das Handeln einer anderen Person keine Auswirkungen auf das eigene

Leben haben sollte. Das Selbst soll immer im Mittelpunkt stehen. Wenn die Philosophie des Handelns das Handeln als Nomen beschreibt, dann könnte dieser Grundsatz nicht eingehalten werden. Dadurch entsteht ein Phänomen, welches „das Scheitern der Philosophie" genannt wird. Das System kann zudem umgedreht werden. Unter anderem kann auch davon ausgegangen werden, dass es die Philosophie selbst beziehungsweise den Menschen nicht interessieren sollte, wie andere Personen handeln, welche Orientierung eine andere Person am Handeln findet oder was dessen moralische Vorstellungen und die eigenen Regeln diesbezüglich sind.

Egal, von welchem System ausgegangen wird, es kommt zu Extremsituationen, die nicht einfach gedeutet werden können. Zudem machen diese Beispiele es schwer, die Praktische Philosophie in ihren Grundzügen darzustellen. Gesagt werden kann damit, dass die Praktische Philosophie sich um das Handeln der Menschen kümmert, dieses ignoriert und gleichzeitig die Aufklärung der historischen Philosophie selbst beschreibt.

Als Vertreter der Praktischen Philosophie kann Aristoteles beschrieben werden, der vor über 2.000 Jahren gelebt hat, eigentlich aber ein Vertreter der Theoretischen Philosophie war und diese befürwortete. Er war für die Trennung der beiden Bereiche verantwortlich, weshalb seit jeher die Praktische Philosophie in die Ethik, die Ökonomie und die Politik unterteilt wird. Die drei beschriebenen Bereiche kommen im Leben eines Menschen sehr häufig vor, weshalb es innerhalb der Praktischen Philosophie um die Zusammenhänge zwischen den Bereichen bezüglich des menschlichen Handelns geht. Es wird klar, dass die Ethik nicht nur ein Teil der Praktischen Philosophie ist, sondern eine eigenständige Disziplin darstellt. Sie wird als

Lehre vom Guten und vom Glück bezeichnet, weshalb sie eine Voraussetzung im öffentlichen Leben bezüglich eines positiven Lebens ist.

Die Praktische Philosophie der Gegenwart beschreibt nicht mehr nur noch diese drei Bereiche, sondern mittlerweile kommt es auch zu Erkenntnissen innerhalb der Biologie und anderer Bereiche verschiedener Wissenschaften, die in der Antike zu Zeiten Aristoteles noch nicht erforscht wurden und lediglich Bereiche der Philosophie darstellten. Trotz dieser neuen Wissenschaften konzentriert die Praktische Philosophie sich auf die drei angesprochenen Grundbereiche, die im alltäglichen Leben der Menschen vorkommen.

DIE EINSATZGEBIETE DER PRAKTISCHEN PHILOSOPHIE

Nicht nur müssen sich Fragen bezüglich der Begriffserklärung gestellt werden, sondern es muss geklärt werden, was das Handeln darstellt, und auch diese Frage ist nicht leicht zu beantworten.

Das allgemeine Handeln, von welchem hier gesprochen wird, beschreibt einen Überlegungsbereich, in dem zwischen Sollen und Sein unterschieden wird. Dabei kommt es zu unterschiedlichen Handlungstypen, die in drei Gruppen eingeteilt werden und bei denen es wichtig ist, zu erwähnen, dass sie essentiell sind und nicht provisorisch. Es wird nicht das Verb „können" verwendet, sondern „werden", da die Situation immer gewiss ist.

So geht es darum, dass es der Mensch selbst ist, welcher Darstellungsweise und Handlungen thematisieren, differenzieren und ansprechen wird, der Mensch wird sich auf das Handeln als Einzelnes beziehen und auf das, worauf sich das jeweilige Handeln bezieht. Letztendlich wird der Mensch jene Praxisfelder betrachten, in denen das reflektierte Handeln angewandt werden kann. Diese drei Formen stellen die Formen des Handelns dar.

Auch in Zeiten von Platon und Sokrates lag der Schwerpunkt des Handelns auf dem Bedenken innerhalb des Handelns selbst. Bezogen wird sich deswegen auf das sogenannte „Gut-Handeln", dieses hebt sich vom glücklichen und schicksalhaften Zufall ab. Das Handeln bezieht sich auf alle Bereiche des Geschehens innerhalb der Welt, welche vom Menschen manipuliert werden können. Gesagt werden kann, dass es dem Menschen nicht nur frei steht, zu handeln, sondern auch, dass er für den Ausgang besagten Handelns zuständig ist. Dabei kommt es zu Unterscheidungen und Bereichen, welche unveränderbar sind und notwendigerweise seit Jahren so sind, wie sie heute sind. Unter diese Bereiche fallen alle erforschten Naturgesetze, auf die der Mensch keine Auswirkungen hat und die von der Menschheit nicht manipuliert werden können. Der Mensch hat beispielsweise keine Einfluss darauf, wo und wann der nächste Blitz einschlägt.

Handeln ist nur dann möglich, wenn dem Menschen Möglichkeiten zum Handeln offen stehen. Aristoteles' Lehren sprechen daher davon, dass nur die menschliche Rasse zum Handeln möglich wäre. Tiere könnten nicht in einem philosophischen Weg handeln, denn Tiere würden nach seinen Worten unverändert von Natureinflüssen oder Lebensweisen handeln. In einem philosophischen Sinne könnten Tiere daher nicht frei handeln, sie können nicht so wie der Mensch freie Entscheidungen treffen, welche nicht auf Zufällen basieren und auch keiner Notwendigkeit entstammen, sondern dem reinen, menschlichen Willen.

Innerhalb des menschlichen Handelns kann es sowohl zu positiven als auch zu negativen Ausgängen kommen. Ein positiver Ausgang wird in drei Formen unterschieden. Die erste Form beschreibt den Ausgang einer reinen Handlung als positiv. Besser beschrieben werden kann die erste Form mit „Sinn erfüllend" oder „Zweck erfüllend". Die zweite Form beschreibt einen Ausgang, der das Glück befürwortet oder das Wohlbefinden eines Menschen befördert und die dritte Form konzentriert sich darauf, ob der Ausgang moralisch betrachtet als gut eingestuft werden kann. Damit beschreibt die dritte Form einen positiven Ausgang und auch, dass das Wohlergehen einer Person nicht nur auf das Handeln selbst beschränkt ist, sondern dass es gemeinschaftlich und gesellschaftlich ist und somit auch Ausgänge gefördert werden können.

Ob ein Ausgang negativ oder positiv ist, kann nur durch eine Reflexion herausgefunden werden, denn für jeden Menschen tragen „positiv" und „negativ" unterschiedliche Definitionen. Niederlagen und Gewinne sind subjektiv. Innerhalb der Philosophie beginnt die Reflexion des Handelns mit der Metaphysik, allerdings nicht in der heutigen Version, sondern in der Metaphysik, wie sie von Aristoteles beschrieben wurde. Wenn aufgrund dieser Voraussetzungen die Reflexion betrachtet wird, dann fällt auf, dass es innerhalb des Handlungsprozesses entweder darum geht, ein Ziel zu erreichen, beispielsweise ein Herstellungsprozess, Bewegungen oder ein vorgesetztes Ziel, welches in der Zukunft liegt, oder aber der Handlungsprozess selbst beinhaltet ein Ziel, welches Sinn bzw. Zweck erfüllend ist. Innerhalb der letzten Version ist der Handlungsprozess im eigenen Vollzug beschlossen. Damit sind die Anwendungsbereiche einfach gegliedert, in lediglich zwei Bereiche. Das erste System kann gut mit einem Studium beschrieben werden, welches erreicht werden soll, um eine Fähigkeit durch Zeit und Übung zu erlangen, oder mit Wissen, das nur mit Erfahrung und daher in einem längeren Zeitraum erreicht werden kann. All diese Anwendungsbereiche benötigen Zeit. Das zweite System bezieht sich auf Ziele, welche sofort erreicht werden können. Dazu zählen das Unternehmen eines Spaziergangs, das aktive Musizieren, wenn eine Person bereits das Spielen eines Instruments erlernt hat, oder auch zweckgebundene Besinnungen, welche mit dem Erreichen eines glücklicheren Lebens oder mit gewissen Veränderungen im eigenen Leben beschrieben werden können.

Der Begriff „Praktische Philosophie" ist irreführend, denn die Praxis selbst steht nach Aristoteles' Lehren lediglich an zweiter und damit an zurückgestellter Stelle. Priorität hatte die Poiesis, in der frühen Antike sowie auch in der heutigen Gegenwart. Die Poiesis beschreibt das hergestellte beziehungsweise herbeigeführte Handeln und Machen der Menschen.

Besagtes Handeln wirft eine simple Frage auf: Kann eine Handlungskette entstehen, welche unendlich weitergeführt werden kann? Wenn der Mensch ein Ziel erfüllt, sei dies auf längere Zeit mithilfe des Handelns oder sofort aufgrund des Handelns, ist dieses Ziel dennoch nicht unendlich. Es wird immer ein weiteres Ziel geben, welches es zu erfüllen gilt. Durch Ziele werden weitere Ziele ermöglicht, das Handeln bemächtigt den Menschen dazu, weiter zu handeln. Ein Ziel wird damit um den Willen eines zusätzlichen Zieles angestrebt. Beim Kochen erläutert sich dieses Prinzip sehr gut. Sobald ein Gericht gekocht wird, wird dieses verzehrt, wodurch die Inhaltsstoffe im Körper aufgenommen werden. Diese stärken und nähren den Körper, sie halten ihn am Leben. Nun muss sich die Frage gestellt werden, warum der Mensch zu kochen begonnen hat? Die Beantwortung der

Frage ist einfach: Durch die Nahrungsaufnahme stirbt der Körper nicht. Der Mensch isst, um sich am Leben zu halten. Dennoch ist es nicht zu verneinen, dass Nahrung positive Gefühle hervorrufen kann, zumal auch das Kochen Spaß machen kann. Es kann zudem argumentiert werden, dass es beim Kochen darum geht, andere Menschen zu beherbergen und sie glücklich zu machen, doch letztendlich isst der Mensch, um sich selbst am Leben zu halten. Auf diese Antwort kam Aristoteles. So stellte er sich der Frage, was geschehen würde, wenn diese Handlungen weitergeführt werden, wenn sie niemals stoppen würden. Wenn dies der Fall wäre, so berichten seine Lehren, dass das Handeln selbst keinem Sinn mehr unterliegen würde, der dem eigenen Körper, dem eigenen Selbst hilft. Er beschrieb das Endziel des praktischen Handelns daher mit dem „Guten". Das Gute wäre der Grund, warum der Mensch handelt.

Der Kernpunkt der Praktischen Philosophie beschreibt, dass es nicht nur darum geht, ein Ziel nach dem anderen zu erreichen, sondern letztendlich treibt das Gute den Menschen. Im heutigen Volksmund wird dieses Phänomen als „Glück" bezeichnet. Das wahre Glück stellt in der Praktischen Philosophie das höchste Gut dar, welches eigentümlich und individuell ist. Jedem Menschen erscheint das Glück in einer anderen Form und es kann nicht rezipiert werden.

Von Aristoteles wird das Glück als eine Lebensform des Denkens beschrieben. Das Denken selbst stelle eines der erfüllendsten Güter dar und sei der Schlüssel für ein gelingendes und glückliches Leben. Für einen Philosophen, damals wie heute, steht das Denken höher als das eigentliche Glück. Für das gemeine Volk ist es dennoch das Glück, welches über jeglichen anderen Zielen steht. Gleichzeitig beschreibt Aristoteles auch, dass Glück niemals durch einen Zufall den Weg zum Menschen finden kann. Durch Zufall kann es zu Lottogewinnen kommen oder zu einem Gewinn in einer Spielhalle, der eine hohe Summe Geld mit sich bringt, doch dies bringt kein langanhaltendes Glück. Auch kann dies nicht durch herstellendes Machen eines Zustandes herbeigeführt werden. Stattdessen sei es die reine Praxis, die durch den guten Willen eines Menschen ausgeführt wird, welche zum Glück führt. Durch Handeln entsteht das Glück, welches von Gerechtigkeit und Glückseligkeit differenziert werden muss. Die Frage nach Gerechtigkeit beschäftigt die Philosophie seit Jahrtausenden, allerdings soll besagte Frage hier nicht weiter ausgeführt werden, da die Ethik in diesem Buch bereits beschrieben wurde, ebenso die Psychologie. Die Frage der Gerechtigkeit ist für das allgemeine Glück wichtig, doch nicht für das persönliche Glück.

DIE PRAKTISCHE PHILOSOPHIE IM ALLTAG

Umgangssprachlich kommt es zu dem Begriff der „Angewandten Philosophie". Damit werden nicht die einzelnen Disziplinen gemeint, welche durchaus auch innerhalb der Praktischen Philosophie heimisch sind und nicht nur innerhalb der Theorie, sondern mit der Angewandten Philosophie wird aktiv die Praktische Philosophie gemeint. Die Begriffserklärung hat hier verdeutlichen können, dass die Praktische Philosophie ihrem Namen nicht gerecht wird; sie ist nicht praktisch. Der Mensch allerdings hat viele verschiedene Auffassungen von dem Wort „praktisch". So kann „praktisch" mit „leicht" gleichgesetzt werden. Auf die Praktische Philosophie trifft dies nicht zu. „Praktisch" kann allerdings auch „anwendbar" bedeuten.

Die Praktische Philosophie beschreibt daher weniger eine praktische Philosophie, sondern vielmehr eine anwendbare Philosophie des Handelns. Im letzten Abschnitt wurde das Handeln erklärt und die Gleichsetzung mit dem Glück. Nach Glück strebt ein jeder Mensch. Selbst die frömmsten Philosophen der Gegenwart hoffen darauf, dass das Glück sie erreichen wird. Es gehört zu den grundlegendsten Wünschen eines Menschen, die nicht abgelegt werden können. Es ist ein Grundbegehren. Die Vorstellungen des Glückes gehen dennoch auseinander; ein mancher träumt von dem großen Vermögen, ein anderer träumt davon, die Welt bereisen zu können. Manch einer ist in den Bereichen des Minimalismus glücklich. Aristoteles' Worte, welche die Praktische Philosophie in ihren Grundzügen geprägt haben, können aufgrund dieser individuellen Unterschiede nicht in der heutigen Zeit angewandt werden. In der Antike mochten die Menschen dasselbe Ziel verfolgen oder dieselbe Auffassung von

Glück haben, in der Gegenwart trifft dies nicht mehr zu. Unterschieden werden muss daher zwischen den Worten, die Aristoteles in seinen Lehren erwähnte, und dem, was das Volk möchte und als das „wahre Glück" empfindet.

Schnell wird daher klar, dass die Philosophie auf altem Wege nur schwer in den Alltag passt. Deswegen ist es nicht verwunderlich, dass nur noch wenige Menschen es wagen, in den heutigen Zeiten den Titel des Philosophen zu tragen. Mittlerweile ist es nicht einfach, da viele verschiedene Faktoren sich in 2.000 Jahren geändert haben. Auch weiterhin wird die Philosophie zum Problemlösen verwendet, das Studium allerdings befasst sich mit Autoren, welche nicht objektiv von der Philosophie selbst sprechen, sondern die ihre eigenen Denkrichtungen aktiv verteidigen und diese preisgeben. Wer das Studium der Philosophie abgeschlossen hat, der kann sich einen großartigen Sammler nennen und stolz auf das Archiv im eigenen Kopf sein, in welchem tausende Ideen von historischen Philosophen zu finden sind, doch das Studium selbst hilft nicht bei der Entwicklung und Ausführung der eigenen Ideen und Gedankengänge. Die eigentliche Bedeutung der Philosophie geht auf akademischen Wegen verloren. Ein Philosoph ist jemand, der sich vom gemeinen Volk unterscheidet und sich mit Themen befasst, welche die große Masse nicht bekümmert, zumindest historisch betrachtet. Die Philosophen der Geschichte haben sich nicht mit dem Auswendiglernen von Buchausschnitten oder Zitaten und dem perfekten Nachschlagen von Textpassagen beschäftigt.

Die Praktische Philosophie selbst beschreibt in der Gegenwart eine Lebensform. So ist es die Form, welche zu positiver Handlung ermutigt und praktische Tipps darstellt. Der Weg selbst ist dennoch nicht einfach. So braucht es die nötige Stärke und den Mut, sich von den Gedanken der anderen zu lösen. Innerhalb dieser Lebensform geht es darum, dass keinem System angehört wird, sondern dass der Mensch seinen eigenen Weg findet. Das Leben eines Philosophen ist frei, doch nicht jeder Mensch möchte frei sein, denn die Freiheit, zu denken, fordert die Problematik des Alleinseins. Zudem kann die Praktische Philosophie all jenen helfen, die sich nicht direkt Philosophen nennen wollen, sondern die sich ihr eigenes Leben lediglich etwas vereinfachen möchten, denn der Weg des Philosophen ist ein sehr schwieriger. Darüber bewusst waren sich bereits die frühesten Philosophen, weshalb heute noch Philosophen mit alleinlebenden Mönchen hoch oben in den Bergen gleichgesetzt werden. Wissend, dass der Weg des Philosophen nicht für jeden bestimmt war, hielt Zenon von Kition, der Begründer des Stoizismus, keine Klausuren ab, welche den Wissensstand seiner Schüler abfragten. Auch zwang er niemanden dazu, seinen Lehren zu lauschen. Er beschloss, seine Vorlesungen öffentlich und leicht verständlich abzuhalten, damit seine Schüler selbst entscheiden konnten, ob sie lediglich einem Bereich seiner Lehren lauschen wollten oder ob sie sich dazu entschlossen, den schwierigen Weg eines Philosophen zu beschreiten.

Selbst Aristoteles vertrat diese Ansichten, obwohl er mit seiner Auswahl von Schülern strenger umging. Dennoch war er sich bewusst, dass die Praktische Philosophie selbst geschaffen worden ist, um die Philosophie in ihren Grundzügen zu erläutern, doch von den Schülern von großen Philosophen und vor allem von jungen Menschen wurde die praktische Philosophie angewandt, um das Verstehen von externen Einflüssen und das Lernen selbst zu erleichtern. Deswegen wird besagte Praktische Philosophie noch immer im Alltag angewandt, fernab des schwierigen Weges des Philosophen.

Sollte sich jemand an die Praktische Philosophie wenden, dann befindet dieser sich in einer Lage, in welcher er in einem Aspekt des Lebens Hilfe braucht. An diesen Punkt kommen alle Menschen in ihrem Leben, und oft nicht nur einmal. Es kommt zu Situationen, in denen der Mensch selbst nicht weiter weiß oder in welcher eine andere Person um Rat gefragt werden muss. Menschen, die niemanden haben, um nach Rat zu fragen, werden von diesen Situationen nicht verschont. Auch wenn jeder Zugriff auf das Internet hat und daher eine Suchmaschine jederzeit angefragt werden kann, fehlt manchen Personen der menschliche Kontakt. So ist das um Rat fragen bei anonymen Menschen nicht immer die beste Idee, doch wenn es weder Freunde noch Familie gibt, die um Hilfe gebeten werden können, welche Alternativen hat derjenige dann? Problematisch wird es, da durch das Internet und durch aktuelle Situationen in der externen Welt nur schwer anderen Menschen vertraut werden kann. Daher kommt es, dass die persönliche Meinung der Meinung des Nachbarn vorgezogen wird. Letztendlich braucht der Mensch dennoch Hilfe. Wer niemanden hat, an den sich gewandt werden kann, oder wer dem Rat einer anderen Person nicht vertrauen kann, der kann sich in die Richtung der Praktischen Philosophie wenden. Diese stellt sich aktiv den Fragen des in einer beliebigen Situation richtigen Handelns.

Um die Schwierigkeiten des Alltages zu vereinfachen. wird die Praktische Philosophie in drei Kategorien unterteilt, welche im vorherigen Abschnitt erklärt wurden. In dem folgenden Abschnitt soll sich etwas genauer auf die Ethik konzentriert werden. Die Ethik beschreibt im Alltag das Handeln auf einer moralischen Ebene. Dabei wird nicht von einer Form von Religion ausgegangen, so, wie das Unterrichtsfach in manchen Schulen genannt wird. Stattdessen beschreibt die Ethik das Miteinander mit anderen Menschen. Im Alltag geht es innerhalb der Ethik um moralische und entsprechend ethische Entscheidungen.

Die Praktische Philosophie unterscheidet sich aufgrund dessen von anderen Lebensformen Auch der Stoizismus gilt als eine philosophische Lebensform, welche ebenso gerne im Alltag verwendet wird wie die Praktische Philosophie selbst. Der Stoizismus beschreibt, dass der Mensch sich nicht von negativen Begebenheiten von anderen Menschen aus der Ruhe bringen lassen sollte. Die Praktische Philosophie bezieht sich auch auf diese Aspekte, allerdings nur an zweiter Stelle. Vielmehr arbeitet die Praktische Philosophie gemeinsam mit der Ethik an der Frage, welche positiven Eigenschaften auch in negativen Situationen erkannt werden können. Der Stoizismus verweilt in Stille, die Praktische Philosophie sucht aktiv nach Antworten.

Zudem wird sich mit der wichtigen Frage beschäftigt, warum der Mensch im Alltag unbewusste und doch moralisch wichtige Entscheidungen trifft. So kommt es im Supermarkt zu unbewussten Entscheidungen. Warum achtet jemand beispielsweise auf Bio-Ware? Nicht direkt muss es sich um biologisch beziehungsweise ökologisch angebaute und weiterverarbeitete Produkte handeln, sondern die unbewussten Entscheidungen kommen bereits dann zum Einsatz, wenn jemand sich für pflanzliche Alternativen entscheidet anstatt für tierische Produkte. Im Supermarkt selbst kommt es dabei zu wenig bis gar keiner Überlegungszeit. Damit entstehen die Entscheidungen unbewusst oder unterbewusst. Die Ethik fragt nach dem Warum dahinter. Warum wurde dieses Produkt gegenüber einem anderen gewählt? Weil derjenige vegetarisch oder gar vegan lebt, weil er sich nachhaltig gut ernähren möchte oder weil es Allergien gibt, auf die geachtet werden muss?

Der Grund stellt die Kernaussage der Praktischen Philosophie dar. Warum lebt der Mensch so, wie er es in diesem Moment gerade macht? Es braucht eine Grundaussage, auf welcher weitere Entscheidungen entstehen, ebenfalls unterbewusst. Die Praktische Philosophie setzt auf das eigene Handeln und die Gedanken bezüglich des Vertrauens in die Urteilskraft einer individuellen Person.

Innerhalb der Ethik spielt auch die Soziologie eine nicht kleine Rolle. Unter anderem wird auf die Unterschiede des menschlichen Auftretens geachtet; wie nimmt das Gegenüber eine Person wahr? Gleichermaßen gehören dazu die Aspekte der Vorurteile. Jemand, der mit Vorurteilen behaftet ist, kann gewisse Möglichkeiten verlieren, die im Alltag zu Besonderheiten führen können oder gar zu Aufstiegen im privaten Leben beziehungsweise im Arbeitsleben. Durch Diskriminierungen kann es dazu kommen, dass lebenslange Freunde nicht gefunden werden, Chancen im Liebesleben können durch die Finger gehen oder Karriere bedingte Chancen können niemals in das eigene Leben treten. Deswegen beschreibt die Praktische Philosophie, dass positive Dinge nur durch Positivität selbst in das Leben eines Menschen gelangen können. Das eigene Handeln und damit jegliche Entscheidungen sollten positiv sein und daher in Richtung des Guten gerichtet sein. In Worten der Metaphysik geht es hierbei um das Karma: Trifft ein Mensch aktiv Entscheidungen, die einem anderen Menschen schaden, dann gehen manche Kulturen und Religionen davon aus, dass dieses Verhalten bestraft wird. Gleichermaßen bedeutet das, dass positive Aktionen und Entscheidungen positives Karma mit sich bringen.

In der Medizin kann von einem solchen Karma nicht gesprochen werden, ebenso wenig in anderen Wissenschaften. Dennoch stellt die Medizin einen nicht kleinen Teil innerhalb der Praktischen

Philosophie dar. Innerhalb der Ethik wird sich dabei nicht direkt auf medizinische Forschungen aller Art konzentriert. Obwohl die aktive Sterbehilfe in die Bereiche der Philosophie fällt, ist auch dieser momentane Gesprächsstoff kein Bereich der Praktischen Philosophie. Stattdessen geht es hier um unterbewusste Entscheidungen in der Moral. Innerhalb der Ethik und teilweise auch in der Moral selbst wird dabei auf den Fragenden verwiesen. Dasselbe gilt für die Medizin. Warum verweigert eine Person die Einnahme von Schmerzmitteln, obwohl besagte Person aktive Schmerzen hat? Liegt dies an dem Stolz der Person, an der Erziehung oder an den steigenden Kosten einer einzelnen Packung?

Das eigene Handeln soll hinterfragt werden, wobei es nicht direkt um die Kritik am eigenen Leib geht. Das Hinterfragen beschreibt nicht die einfache Kritik. Es handelt sich um Möglichkeiten, welche nach dem Glück einer Person streben, nach Träumen und Zielen; nach Möglichkeiten, die das Leben eines Menschen verändern können. Da die Wünsche eines Menschen individuell sind, kann es keine Kritik geben, da die Träume einer anderen Person nicht den eigenen entsprechen müssen. So kann die Ethik auch dann verwendet werden, wenn die Menschen sich über ihre Träume nicht im Klaren sind. Das schlussendliche, endgültige Glück kann manchen Menschen in jungen Jahren klar werden, anderen erst im hohen Alter. Das kommt daher, da nicht jeder in die Zukunft hineinträumt. Manche Menschen können lediglich vom nächsten Tag träumen, andere Menschen können ihre Ziele und Wünsche gar nicht erst aussprechen oder in klare Worte fassen. Damit hilft die Praktische Philosophie bei jeglichen Situationen, in denen die Ethik gefragt ist. So stellt sie Antwort und Frage zugleich dar. Wichtiger als das ist trotzdem die Tatsache, dass die Praktische Philosophie ein weiteres Mittel zur Kontrolle darstellt.

Sie bietet eine Möglichkeit, um sich Wissen anzueignen, wobei dieses Wissen keinen Grenzen unterliegt. Stattdessen kann das Wissen innerhalb unterschiedlichster Fälle individuell aussehen. Zusätzlich zählt die Praktische Philosophie nicht nur als Kontrolle der Wissenserlangung, sondern als Kontrollinstanz bezüglich des bereits erlangten Wissens. So kann sichergegangen werden, dass das erlangte Wissen das Gute anstrebt – damit die Regeln des positiven Handelns eingehalten werden können.

Schlusswort

Wer dieses Buch sorgfältig gelesen hat, dem wird klar, dass es unmöglich ist, alle Bereiche und Aspekte der Philosophie auf nur wenigen Seiten beschreiben zu können. Letztendlich ist die Geschichte der Philosophie keine kurze oder gar junge. In den letzten 2.000 Jahren gab es unzählige Veränderungen und unterschiedliche Epochen, die von der Antike bis hin zur Gegenwart reichen. Zudem wird klar, dass die Wege der Philosophie nicht immer einfach waren, sondern steinig und gezeichnet von Übermächten und Kriegen. Dadurch sind viele wichtige Schriftstücke und Werke verloren gegangen, die heute als Überlieferungen gezählt hätten, die wichtigen Aufschluss gegeben hätten. Damit kann über die letzten 2.000 Jahre nur spekuliert werden und unterschiedliche Meinungen sind so weitreichend wie die unterschiedlichen Teilbereiche der Philosophie selbst.

Das Mittelalter und auch die Renaissance können heute nur von niedriger Genauigkeit bezeugt werden, da kein genauer Anfang und kein genaues Ende dieser Zeitepochen beschrieben werden kann. Die Überlieferungen sind durch verschiedene Religionen und Kulturen geprägt, besonders durch das Christentum, welches die Datierung von Zeitepochen nicht sonderlich ernst nahm. Schriften von anderen Kulturen sind von der Wirklichkeit verändert worden, sodass auch andere Länder keinen Aufschluss über die Zeiten geben können.

Die Antike, in welcher die Dokumentation der Zeit eine große Rolle spielte, und die Epoche der Neuzeit, welche nur wenige Jahrhunderte zurückliegt, können dafür mit einer großen Genauigkeit beschrieben werden. Die beiden Epochen haben heute noch einen großen Einfluss auf die Philosophie der Gegenwart. Die ersten Anfänge der Philosophie werden durch antike Philosophen wie Zenon von Kition, Platon und Aristoteles geprägt, während die Neuzeit die ersten Anfänge der Wissenschaft brachten. Durch die Einflüsse der Wissenschaft unterscheidet sich die Philosophie von der alltäglichen Philosophie der Antike. In den unterschiedlichen Jahrhunderten haben sich unterschiedliche Strömungen gebildet, die in unzählige Höhen reichten. Diese Strömungen haben sich aufgrund der Physik, der Psychologie, der Biologie und vor allem der Technik entwickelt. Letzteres hat seit der Neuzeit einen großen Einfluss.

Trotz dieser Veränderungen wird schnell klar, dass die Philosophie in vielen weiteren Jahrtausenden nicht verloren gehen wird. Da alle Wissenschaften auf der Philosophie basieren und die Philosophie selbst gleichzeitig im Alltag angewandt werden kann, wird es zu weiteren Strömungen und Unterbereichen kommen, da auch der Mensch niemals still stehen wird. Wichtig zu sagen ist, dass in diesem Buch nur die Bereiche der Allgemeinphilosophie beschrieben werden konnten, da alles Weitere den Rahmen des Buches gesprengt hätte und ein einzelner Mensch zu seinen Lebzeiten eine Bibliothek in einer solchen Größe nicht belesen könnte. Dazu kommt, dass sich in unterschiedlichen Bereichen der Welt verschiedene Formen der Philosophie entwickeln. In Amerika hat sich die Philosophie auf die wissenschaftlichen Aspekte der Philosophie spezialisiert, während Italien und Frankreich die Dramaturgie der Romantischen Literatur bevorzugt. Deutschland fokussiert sich auf die soziologischen, kommunikativen Aspekte.

In der Gegenwart ist es nicht einfach, den Weg eines Philosophen zu gehen, da das heutige Philosophiestudium sich nicht auf objektive Tatsachen bezieht, sondern auf subjektive Gedanken von einstigen Philosophen. Aus diesem Grund und damit die Philosophie auch für jüngere Leser verständlich gemacht werden kann, wurden die einzelnen Kapitel des Buches nicht nur objektiv, sondern auch neutral beschrieben. Das bedeutet, dass keine Richtung, Form oder Strömung der Philosophie bevorzugt in diesem Buch beschrieben wurde, ebenso keine Kulturen oder Religionen. Damit soll dieses Buch all jenen helfen, die ihr Wissen auffrischen und ihren Horizont erweitern wollen, ohne dabei ein philosophisches Studium absolvieren zu müssen.

Quellen

Anzenbacher, A. (2009) Einführung in die Philosophie. Verlag Herder GmbH, Freiburg im Breisgau. Bildarchiv der Österreichischen Nationalbibliothek in Wien. Wien.

Guckes, B. (Hrsg.). (2004) Zur Ethik der älteren Stoa. Göttingen. Vandenhoeck & Ruprecht.

Holiday, R. (2016) The Daily Stoic - 366 MEDITATIONS ON WISDOM, PERSEVERANCE, AND THE ART OF LIVING. An imprint of Penguin Random House LLC, New York.

Jung, C. G. (1921) (Psychological Types) Tipi psicologici. Rascher Verlag.

Lorenz, E. (1993) Edward Lorenz: The Essence of Chaos. University of Washington Press. Seattle.

Ludwig-Maximilians-Universität (2021) Schwerpunkte der Philosophie. Fakultät für Philosophie, Wissenschaftstheorie und Religionswissenschaft. Ludwig-Maximilians-Universität München. München.

Mader, W. (2001) Stoische Tugenden in einer multioptionalen Moderne? Visionen für das Lehren in Zeiten des Lernens. Internationales Jahrbuch der Erwachsenenbildung. De Gruyter. Böhlau Verlag.

Mojsisch, B. & Summerell, O. (1999/2000) Die Philosophie in ihren Disziplinen (Eine Einführung). Bochumer Ringvorlesung Wintersemester 1999/2000. Universität Bochum. Bochum.

Wulf, F. (1922) Psychologische Forschung. Zeitschrift für Psychologie und ihre Grenzwissenschaften. Springer Book Archives.

Reisch, H. (2017) Philosophie im Mittelalter: Theologie beherrscht das ganze Denken (Kleine Geschichte der Philosophie). Springer Fachmedien Wiesbaden GmbH. Wiesbaden

Rötters, K. (2010) Einführung in die Praktische Philosophie anhand von ausgewählten Problemfeldern (Kurseinheit 1: Praktische Philosophie als Philosophie des Handelns). Fernuniversität in Hagen. Fakultät für Kultur- und Sozialwissenschaften. Institut für Philosophie. Hagen.

Waß, B. & Palasser, H. (2020) Grundlagen der Philosophie: Einführung in die Geschichte und die Kerndisziplinen. Academia Philosophia. Österreichische Privatakademie für Philosophie und philosophische Weltdeutung. Salzburg & Wien.

Jetzt auch erhältlich

ÜBERBLICK UND GRUNDLAGEN DER PHILOSOPHIE
VON DER ANTIKE BIS ZUR GEGENWART

Philosophie für Anfänger

Patricia Sommer

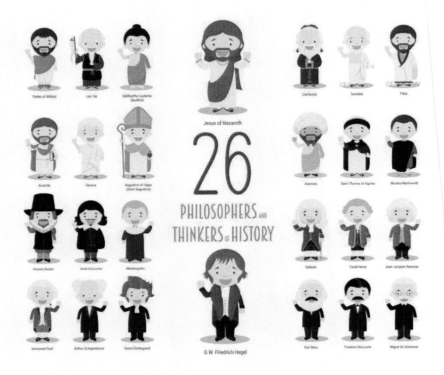

Impressum

Der philosophische Zeitstrahl.
Von der Antike über das Mittelalter, die Renaissance und die Neuzeit bis hin zur Gegenwart.
© Copyright 2022

Herstellung und Verlag: BoD- Books on Demand, Norderstedt
ISBN: 9783755779544

M. Mittelstädt, 41 Zakaria Paliashvili Street, Entrance 1, Tbilisi, Georgia